**LES HOMMES PILOTENT…
LES FEMMES CONDUISENT !**

© L'Harmattan, 2018

5-7, rue de l'École-Polytechnique, 75005 Paris

www.editions-harmattan.fr

ISBN : 978-2-343-15141-0
EAN : 9782343151410

Jean-Marc Bailet

LES HOMMES PILOTENT...
LES FEMMES CONDUISENT !

Guide des comportements au volant

Du même auteur

La dimension éducative de la formation à la conduite routière, Diplôme d'Etudes Approfondies en Sciences de l'Education, Ecole doctorale université Charles De Gaulle Lille 3, Lille, 1998.

L'éducation routière, n° 3522, Paris : Presses Universitaires de France, 1999.

Sécurité routière : Evaluation de la dimension éducative du permis de conduire à points, Lauréat du 3e concours de l'Institut des Hautes Etudes de la Sécurité Intérieure, 1999.

Les représentations des risques routiers par les conducteurs de véhicules automobiles : Incidences sur la modélisation des relations entre la prévention et la répression. Thèse de psychologie, Ecole doctorale du Conservatoire National des Arts et Métiers, Paris, 2004.

Le volant rend-il fou ? Psychologie de l'automobiliste. Editions de L'Archipel, Paris, 2006.

Je stresse au Volant, au guidon... mais je me soigne ! Editions L'Harmattan, Paris, 2010.

Zen au volant. Guide du mieux conduire, Editions L'Harmattan, Paris, 2016.

À Gabriel
Romain
Ghislaine et Marie-Paule
Natacha, Léo et Nina

« *De la familiale qui nous emporte, nouveau-nés emmitouflés, jusqu'à l'ambulance du Samu ou à l'austère break endeuillé qui nous mènera à petite vitesse, et après les étapes convenables, au trou final, la voiture aura été notre cocon, notre compagne, notre témoin (...), notre victime et notre alliée.* »

François Nourissier

François Nourissier (1927 – 2011), journaliste et écrivain, Grand prix du roman de l'Académie française (1966), Prix Femina (1970), président de l'Académie Goncourt (1977) dans son livre. *Autos Graphie*, Albin Michel, 1990.

réputation d'être répugnantes à conduire avec des odeurs de graisse, d'huile, et de pétrole. Leur mise en marche était fastidieuse et elles réclamaient un véritable talent de mécanicien. Les manœuvres au volant nécessitaient de la force dans les bras notamment pour prendre les virages. Ajoutons quelques inconvénients majeurs avec les tenues non adaptées[1], la fréquence des pannes moteur, la suspension rigide et les trépidations de la caisse, et surtout l'obligation récurrente de réparations des pneumatiques suite à leur fréquent éclatement sur des routes cailouteuses en très mauvais état… Pour finir, elles ont dû supporter non seulement l'ostracisme masculin, mais également le discours virulent et négatif des experts[2] sur leurs aptitudes à conduire un véhicule automobile.

C'est précisément cet événement mondial, au mois de juin[3] 2018, autorisant les femmes à conduire en Arabie saoudite qui nous a incité à écrire cet ouvrage dans la mesure où désormais toutes les femmes sur la planète peuvent conduire un véhicule automobile. En effet, ce pays était le seul au monde à interdire aux femmes la conduite de véhicules. Cette évolution-révolution qui s'inscrit dans une lutte féministe qui perdure depuis 1962 a été permise avec la signature le 26 septembre 2017 d'un décret royal du Prince héritier d'Arabie saoudite Mohammed ben Salmane al-Saoud.

Ce jeune roi, âgé de 32 ans, a estimé que son projet de diversification de l'économie appelé « Saudi Vision 2030 » impliquait une nouvelle réalité politique et sociale.

---

[1] Robe, chaussures, et chapeau.
[2] Médecins, hommes politiques à l'Assemblée nationale.
[3] Pour les puristes après le ramadan 2018 / 1439 : début le 16 mai et fin le 15 juin.

Les difficultés budgétaires que connaît le royaume en raison de la baisse de ses recettes pétrolières, consécutive à l'effondrement des cours du brut, militaient en faveur de l'urgence d'un changement.

Cette nouvelle économie impose pour les sociétés industrielles et commerciales la prise en charge directe des responsabilités par les Saoudiens eux-mêmes[1]. Elle encourage aussi le concours effectif des femmes pour développer le royaume[2]. En conséquence l'accès à l'indépendance des femmes pour la conduite automobile permettra de satisfaire autant leurs déplacements privés que professionnels. En outre, il était admis selon les experts que l'utilisation de chauffeurs privés ou des taxis pour le déplacement des Saoudiennes devenait insupportable pour l'économie du pays.

L'Arabie saoudite applique une vision ultra-conservatrice de l'Islam, dans laquelle la femme doit notamment obtenir l'accord d'un homme, un tuteur (souvent leur père ou leur mari), pour travailler, voyager ou encore se marier.

Bien que les ultra-conservateurs se soient élevés avec force contre le droit de conduire pour les femmes... en avançant des arguments d'un autre âge, du type que les femmes qui conduisent risquent d'avoir des enfants anormaux en raison de la pression sur leurs ovaires... Cependant il faut reconnaître que : « la majorité des grands oulémas — les docteurs de la foi — était en faveur d'une mesure permettant aux femmes de conduire. » Ce

---

[1] « Une large majorité de la population dépend des subventions... les travailleurs étrangers occupent plus de 80 % des emplois réels », éditorial de Jacques Hubert-Rodier, journal Les Echos, n° 22672 du 9 avril 2018, p. 7.
[2] « La population est en sous-activité chronique », journal Les Echos, n° 22672 du 9 avril 2018, p. 4.

qui permit à la femme saoudienne d'obtenir enfin la liberté de se déplacer au volant d'une voiture.

Par ailleurs, nous savons que de nombreuses femmes de l'élite saoudienne, qui pouvaient conduire à Londres ou à Dubaï, mais pas à Ryad, avaient tenté de braver cette interdiction en Arabie saoudite, mais elles avaient été systématiquement arrêtées… et parfois emprisonnées.

Dans son ouvrage,[1] Islamistan, la journaliste Claude Guibal évoque le cas d'une jeune saoudienne qui « brave l'interdit » pour « quelques minutes de liberté frondeuse », après avoir passé son permis de conduire à l'étranger. Guibal rappelle le sort de quarante-sept Saoudiennes qui avaient « tenté de défier le pouvoir en prenant le volant », et qui ont été arrêtées à la suite d'une « fatwa émise par le grand mufti du royaume, pour qui la conduite des femmes ne pouvait mener qu'à la mixité et au chaos social. »

Chacun a en mémoire les nombreuses vidéos sur les réseaux sociaux, où l'on voyait des femmes courageuses transgresser la loi saoudienne en se filmant au volant d'une voiture. Certaines conservaient leur voile et d'autres découvraient leur visage, prenant le risque d'une sanction.

Sous la pression populaire de mouvements féministes, quatre ans après leur mobilisation soutenue par les médias internationaux, cette émancipation au volant a été saluée comme une grande victoire[2] par Fawzia Al-Bakr, figure de la cause des femmes en Arabie saoudite : « C'est fantastique, je plane. » Quant à Haya Rakyane, une employée de banque âgée de 30 ans elle déclare : « Je ne m'attendais

---

[1] Guibal, C. (2016). *Islamistan. Visages du radicalisme*, éditions Stock.
[2] Barthe, B. (2017). « Le roi signe un décret autorisant les femmes à conduire », journal Le Monde / Proche-Orient du 26 septembre.

pas à une telle décision avant 10 ou 20 ans » ; « Je suis sous le choc, je ressens une très grande joie. »

Pour être pleinement opérationnelle, l'administration saoudienne a mis en place, dès 2017, un système de formation propre aux femmes avec des auto-écoles dédiées. Il lui reste à organiser un corps de police féminine spéciale[1] pour contrôler les réglementations de la circulation routière. Ainsi, les coutumes liées à la tradition religieuse et familiale seront strictement respectées.

Alors merci au prince héritier Sa Majesté le roi Salmane et grand bravo aux Saoudiennes pour cette victoire féministe !

---

[1] En Arabie saoudite une femme ne peut faire l'objet d'un contrôle routier par un homme en vertu des principes de l'Islam selon la Loi chariatique (qui implique) la non-mixité.

INTRODUCTION

Le développement automobile et les pratiques dans la conduite n'ont cessé de susciter intérêt et réflexions dans le domaine de la sécurité pour l'ensemble des classes sociales qui se sont approprié ce mode de déplacement.

La voiture a connu une évolution constante depuis plus de deux siècles. Elle est devenue plus performante, plus intelligente, plus confortable, et les ingénieurs sont sur le point de réaliser un véhicule tout à fait autonome. Chacun s'accorde à penser que la voiture représente le symbole technologique d'une société.

Bien que les sécurités actives et passives se soient considérablement accrues, il apparaît cependant que l'accident de la route est toujours présent avec sa cohorte de malheurs sociaux qui s'élève à plus de 500 000 tués sur les routes françaises depuis que l'automobile existe, soit l'équivalent des morts de la Seconde Guerre mondiale.

En l'espèce, le problème d'Education à la route reste entier, relativement à ses aspects pédagogiques, sociologiques et psychologiques. Dans ce contexte, les hommes et les femmes ont-ils une vision singulière et des pratiques différentes dans l'exercice de la conduite automobile ? Peut-on dresser un profil type de la bonne gestion du risque routier ? Classiquement, cet état des lieux devrait permettre de conforter notre questionnement central sur le sexisme au volant : Les hommes pilotent... les femmes conduisent !

Tenant compte de l'intérêt porté par le lecteur qui a choisi ce livre, on décrira tout d'abord comment la société française a fait le choix automobile par rapport à la traction hippomobile. On présentera sommairement les techniques d'ingénieurs de génie qui ont fait honneur à la France dans le développement mondial de l'automobile. Le point de vue politique et sociétal de détracteurs féroces contre le progrès technique sera mis en relief, ainsi que la mobilisation de pionnières féministes pour gagner leur place dans l'espace routier. Le recours à l'automobile par la médecine sera approché notamment dans le traitement thérapeutique des tuberculeux.

Ensuite, on observera le comportement des hommes et des femmes au volant en prenant appui sur le champ scientifique : les notions de charge mentale et d'erreurs de conduite valideront un fonctionnement humain défaillant et différent selon les conducteurs. En fait, *bien conduire est un Art* qui nécessite un engagement permanent et complet.

Dans le chapitre suivant, force sera de reconnaître que les conducteurs interprètent les règles du Code de la route. On se posera une question importante sur la nature de l'infraction routière : est-elle prédictive de l'accident de circulation ? Ensuite, classiquement, on dressera le bilan des infractions et des accidents.

Pour finir, on interrogera le champ de la psychologie avec la notion de stress routier comme composante naturelle nécessaire à la vie. Des profils de conducteurs seront établis selon le sexe, l'âge, et la classe sociale.

A présent, je vous souhaite une bonne lecture et j'espère sincèrement que vous prendrez autant de plaisir à lire cet ouvrage que j'en ai eu à l'écrire !

PARTIE 1

Historique du développement automobile

1. Histoire de l'automobile

Classiquement nous abordons cet ouvrage avec un bref historique afin de montrer dans quelles conditions, l'automobile est devenue un nouveau moyen de déplacement. Quels sont ces ingénieurs prodigieux qui ont développé « l'automobilisme » ? Quelles difficultés techniques ont-ils dû surmonter pour que la voiture remplace effectivement et avantageusement la traction hippomobile ? Quels rôles et quelle part l'Etat et les constructeurs ont-ils pris pour assurer la pérennité de cette invention ? In fine, les versants sécuritaires et financiers ne seront pas occultés dans la mesure où, de façon sous-jacente, ils ont permis l'acceptation sociale du véhicule automobile. Autrement dit, les Français se sont approprié progressivement cette « locomotion mécanique » qui va révolutionner autant les transports que l'économie du pays.

Comme fonds documentaire nous prendrons principalement appui sur les travaux de Pierre Souvestre[1] dans son livre paru en 1907 sur « L'Histoire de l'Automobile ».

Les inventeurs

Egrenons quelques dates et moments clés dans le développement de l'automobile.

Tout d'abord, on indique par souci de rigueur que certains experts ne sont pas d'accord avec le fait que l'invention de l'automobile soit attribuée à Nicolas-Joseph Cugnot (1725-1904). Pour ces érudits, Jacques de Vaucanson[2] aurait devancé Cugnot de quelques années, et il serait le premier à avoir « construit » une voiture sans chevaux.

En effet, en août 1748, Jacques de Vaucanson, inventeur de nombreuses machines (pompe à eau, plusieurs automates, dispositifs techniques pour permettre la réorganisation de l'industrie de la soie), aurait présenté au roi Louis XV une machine du nom de *Le bien aimé* qui était capable de parcourir des distances assez importantes. Enchanté par cette démonstration, le roi demanda à Vaucanson de lui en fournir un exemplaire pour la remise royale et cela en dépit de la stupéfaction des gens de cour face à cette merveille mécanique. Le roi aurait alors déclaré : « Les gens du vulgaire vous penseront sorcier. » Selon les experts de l'Académie, cette machine ne pourrait circuler dans les rues...

---

[1] Souvestre, P. (1907). *Histoire de l'Automobile*, Dunod et Pinat, Paris, 768 p.
[2] J. de Vaucanson (1709 - 1782). Son véhicule était un carrosse qui pouvait transporter deux personnes et il était propulsé par des ressorts d'horlogerie. Des chaînes communiquaient avec une manivelle tournante que le conducteur pouvait actionner depuis son poste de pilotage.

Certes, imparfait sur le plan technique[1], le carrosse mécanique de Vaucanson serait donc la première automobile capable de rouler seule. Membre de l'Académie royale des sciences en 1782 Jacques de Vaucanson, inventeur, ingénieur et automatier, est un précurseur oublié de l'histoire automobile.

On peut dire que la voiture telle que nous la connaissons, avec les principaux équipements de sécurité, de confort, de motorisations diversifiées, s'est construite progressivement sur une période de 150 ans à partir du « Fardier de Cugnot[2] » en 1769 jusqu'à la voiture de Léon Serpollet qui filait à plus de 120 km/h en 1903 !

Avec Nicolas-Joseph Cugnot[3], une gloire nationale, la France a l'honneur de compter au nombre de ses enfants, l'inventeur du premier véhicule qui mérita réellement le « nom d'automobile ».

Ajoutons quelques noms d'inventeurs célèbres comme Onésiphore Pecqueur (1792 - 1852) qui a résolu en 1828 une des plus grosses difficultés de la locomotion automobile en inventant le « mouvement différentiel ». Employé par tous les constructeurs automobiles le mouvement différentiel permettait aux roues tractices à l'arrière d'un véhicule, de rouler à des vitesses différentes sur un même axe, et ainsi de pouvoir prendre un virage plus facilement.

---

[1] Les quatre roues du véhicule tournaient à la même vitesse, ce qui entraînait des difficultés pour aborder les virages. Son système nécessitait l'emploi d'un « différentiel » pour permettre aux quatre roues de tourner à des vitesses différentes dans les courbes et à une vitesse égale en ligne droite.
[2] Véhicule fonctionnant avec une chaudière à vapeur pouvant atteindre la vitesse de 4 kilomètres à l'heure pendant une durée de 15 minutes.
[3] Nicolas-Joseph Cugnot est né à Void en Lorraine, le 25 septembre 1725, il est mort à Paris le 10 octobre 1804.

En 1862 Alphonse Beau de Rochas (1815 – 1893) fait breveter le cycle thermodynamique des moteurs à 4 temps : admission, compression, explosion, échappement.

Amédée Bollée père, invente en 1873 la direction à deux pivots qui permettait de diriger le véhicule avec souplesse et sécurité, et il construit la première automobile de 12 places, dénommée *L'Obéissante* avec un moteur à vapeur qui atteint la vitesse maximale de 40 km/h. En 1878 il commercialise la première voiture fabriquée en série nommée *La Mancelle*, et en 1881 une autre voiture *La Rapide* qui peut rouler à 60 km/h.

Ensuite, en 1893 avec le comte Albert De Dion, on entre effectivement dans l'histoire de l'automobile moderne notamment avec le moteur à pétrole : « On le retrouve partout, à propos de tout, employant son énergie, dépensant sa force, mettant à contribution son inlassable activité, donnant enfin l'élan indispensable à l'essor formidable que va prendre l'industrie nouvelle dont il fut le merveilleux et remarquable vulgarisateur. » En 1900 De Dion associé à Bouton devient le plus grand fabricant d'automobiles au monde avec 400 voitures et 3200 moteurs.

Le moteur à alcool : L'Etat ainsi que les constructeurs ont effectué de nombreuses tentatives pour imposer ce produit national dans l'industrie automobile. Il fallait produire beaucoup d'alcool « pour débarrasser la Picardie de ses betteraves ; pour enrayer la mévente des vins du Midi, lesquels trouveraient de la sorte un débouché dans les alambics des distillateurs. On crut au règne exclusif, immédiat du nouveau liquide, les voitures furent réglées « à l'alcool ». Ce sera pour les gens du Nord la fortune et pour les populations méridionales, la solution de la crise vinicole. » Finalement, à cette époque on ne maîtrisait pas encore parfaitement la production de l'alcool comme carburant automobile. La fabrication du produit, avec une qualité et une rentabilité médiocres, incitait donc à l'abandon de la généralisation du moteur à alcool.

Citons encore quelques grands noms du développement automobile comme René Panhard et Emile Levasseur qui ont fabriqué en série la première voiture à essence.

Recensons maintenant des marques de constructeurs qui ont résisté au temps avec Armand Peugeot (1849-1915), André Citroën (1878-1935), Louis Renault (1877-1944), et des équipementiers toujours aussi célèbres comme Dunlop et Michelin.

Michelin, en créant et perfectionnant sans cesse le pneumatique démontable, avait de beaucoup, aidé au progrès de l'industrie automobile : « A l'automobile, il fallait le pneumatique. En effet, les pionniers de la locomotion nouvelle, les de Dion, Bollée, Peugeot, surtout Levassor, se battaient en vain contre les effets destructifs de la route sur leurs engins les plus soigneusement établis. Aucune suspension n'était suffisante pour atténuer l'influence néfaste des chocs continuels qu'imprimait la chaussée aux véhicules. Aucune roue ne résistait. Les rayons cassaient ou se disjoignaient lamentablement, les boulons se décapitaient, les mécanismes les plus robustes se détérioraient en quelques kilomètres de route. »

Dans ce contexte, toutes les motorisations avec la vapeur, le gaz, l'électricité, l'alcool, et le pétrole ont connu des fortunes diverses. Des ingénieurs de génie ont tour à tour résolu les problèmes techniques pour limiter les pannes, pour assurer toujours plus d'efficacité dans la manœuvrabilité, pour rendre la conduite plus souple avec des suspensions, des pneumatiques, et un système de freinage éprouvé, pour obtenir enfin une carrosserie singulière qui renvoie la calèche-cheval au musée.

Pour finir, en toile de fond de toute l'ingénierie pour le développement de l'automobile, posons-nous la question du rôle de l'Etat et des constructeurs pour obtenir l'acceptation sociale de la voiture. En effet, il fallait balayer les nombreux inconvénients de ce nouveau mode de déplacement, coûteux, risqué, voire dangereux. Citons[1], à titre d'exemple, de quelle manière on démarrait une voiture en 1901 : « Pour démarrer, c'est très simple : vous installez sur le tube de platine le capuchon. Vous ouvrez les portes de la cage du brûleur et le robinet pendant une ou deux secondes. Vous imbibez le goupillon en le présentant sous le petit robinet purgeur du grand réservoir. Vous l'introduisez au fond de la cage d'allumage. Vous approchez une allumette et laissez flamber pendant deux ou trois minutes. Ouvrez peu à peu le robinet d'alimentation et retirez le goupillon. Présentez-le au bec du brûleur. Enlevez le capuchon, refermez les portes de la cage ; l'allumage est terminé. Si le brûleur s'éteint, vous remettez le capuchon, etc. » En l'espèce, on peut convenir de la complexité, de l'archaïsme du démarrage de la voiture automobile !

Les courses automobiles

C'est principalement l'idée de courses automobiles dans toute la France et de pays à pays qui a suscité la publicité et l'engouement populaire. En 1894 le Paris-Rouen

---

[1] Cauvin, C. (2007). « Les femmes et l'automobile à la belle époque (1898-1922) A partir de l'hebdomadaire La Vie au Grand Air », Mémoire de Master 1 Mention Management des Evènements et des Loisirs Sportifs, 91 p.

est considéré comme la première compétition de l'histoire de l'automobile, et la Fondation de l'Automobile Club de France est créée en 1895. Ensuite viennent les Paris-Rouen, Paris-Bordeaux, Paris-Marseille, Paris-Toulouse, et les grandes courses internationales : Paris-Amsterdam, Paris-Vienne, Paris-Madrid, et Paris-Berlin, puis le Tour de France.

Ainsi, dès 1897, un calendrier annuel des courses automobiles est créé selon l'ingénieuse idée de Pierre Giffard : « Il n'était question que d'épreuves de vitesse. Les rigueurs diverses des saisons n'importaient plus. Il fallait courir, courir partout, en palier, en montagne, au bord de la mer, au centre de la France. »

En 1899, la griserie de la vitesse est devenue un vecteur important pour commercialiser la voiture « l'attirante impression de la vitesse déchaîne un flot de commandes auxquelles les constructeurs ne savent plus que répondre. Et la course est indispensable au constructeur. Il faut gagner, tout au moins courir, pour avoir des clients. C'est ainsi que des voitures de marque, d'une valeur de 15 à 18 000 francs, après avoir triomphé dans quelque épreuve récente sont disputées par les acquéreurs, aux prix de 40 à 50 000 francs ».

A noter pour les puristes, d'une part que, le premier Salon de l'Automobile se déroule au parc des Tuileries à Paris en 1898 et d'autre part que, la première édition de la *Coupe automobile Gordon Bennett* en 1905 restera une épreuve phare du sport automobile. Il faudra cependant attendre 1923 pour qu'ait lieu la première édition des 24 Heures du Mans.

L'Armée

Notons l'intérêt de l'Armée pour l'automobile. Déjà, on entrevoyait avec le Fardier de Cugnot et son lourd châssis le véhicule poids lourd pour le transport des canons de l'artillerie[1], et les caisses de munitions. Pour sa part, le colonel du génie, Fix, précise ses idées sur l'avenir de l'automobilisme dans l'armée : « L'automobile pourra être employée pour les transports du dernier moment. Mais, pour les pièces de campagne, rien ne pourra remplacer les chevaux à cause du terrain varié qu'elles doivent parcourir. C'est surtout pour le transport des malades et blessés que la substitution serait intéressante, car ce transport s'exécute en arrière des combattants. Pour l'habillement, le campement, les trésoreries, les postes, l'automobile sera précieuse, permettant les installations plus avantageuses, les parcours plus rapides. Entre l'état de station et celui de marché et de combat se place la période de mobilisation et de concentration, pour laquelle l'automobile pourra être très utile. »

Durant la Première Guerre mondiale, l'Armée a utilisé de façon massive l'automobile. En effet, l'armée allemande vient d'atteindre la Marne, elle est aux portes de Paris. Le général Gallieni propose alors d'envoyer 6 000 soldats français stationnés à Paris afin qu'ils participent à la Bataille de la Marne. Pour ce faire, il mobilise 600 taxis parisiens du 6 au 8 septembre 1914. Les « taxis de la Marne » remportent la première victoire militaire de

---

[1] En 1762, Jean-Baptiste Vaquette de Gribeauval (1715 – 1789), officier et ingénieur, divise l'artillerie royale en quatre catégories : artillerie de campagne, de siège, de place, de côte. L'importance de l'artillerie augmente sans cesse, la solidité et la fougue des artilleurs expliquent en partie les succès des armées révolutionnaires et napoléoniennes.

l'histoire automobile qui permet aux Français et aux Anglais de tenir en échec l'armée allemande. Les camions, eux aussi, joueront à leur tour un rôle décisif.

Ajoutons que la guerre a permis aux femmes d'apprivoiser les mécaniques automobiles et agricoles. Le moteur ne les effraie plus. Les paysannes conduisent des locomotrices[1], des faucheuses, des batteuses mécaniques. Elles s'emparent de l'automobile devenue plus maniable, plus sûre. Désormais, les constructeurs et carrossiers vont s'employer à satisfaire la demande féminine en développant une construction automobile mieux adaptée à leurs clientes potentielles.

La polémique

L'abondante littérature de la Belle Epoque laisse transparaître une certaine angoisse qui s'accélère avec la naissance de l'automobile symbole de richesse, de plaisir futile et de conflits sur la chaussée.

Son avènement s'inscrit dans une logique de peurs et de fracture sociale. En l'espèce, elle suscite très vite la polémique : « L'automobile effraie les animaux, elle est très bruyante et dégage une odeur nauséabonde. Bouleversant la quiétude des piétons dans les villes, beaucoup désirent l'interdire. Ces derniers n'hésitent pas à lancer des pierres ou du fumier sur les automobiles qui croisent leur chemin. » Les publications humoristiques de la Belle Époque font d'ailleurs souvent allusion au thème de « l'automobiliste-écraseur ». Nous ne résistons pas à citer

---

[1] Pendant la guerre, les femmes ont remplacé les hommes sur les postes de conducteurs de tramway.

également le journaliste Karbu[1] qui décrit les peurs qu'engendre le passage d'une automobile : « L'automobile, en vérité, semait la terreur dans les campagnes. Quand elle n'écrasait pas, elle assourdissait, elle aveuglait par la poussière qu'elle soulevait ; enfin, elle puait. Un automobiliste d'une force moyenne écrasait sa bonne demi-douzaine de volatiles domestiques dans la journée. Sa « mécanique » était l'objet des imprécations virulentes des ménagères, pétrifiées sur le seuil de leur demeure et tenant par le cou quelque poule défunte. Les poules en effet formaient le principal contingent du sacrifice exigé par ce Moloch impitoyable du progrès automobile. »

Par ailleurs, notons l'opposition entre progrès technique et religion. Elle est parfois brutale. Les ecclésiastiques s'opposent à cet engin mécanique qui « ressemble plus à un diable qu'à un humain. »

Des personnalités de premier plan se font aussi entendre haut et fort. Pour le corps médical, le phénomène automobile représentait, notamment chez les psychiatres, « l'ultime étape d'une forme spéciale de folie, le vertige de la vitesse. En effet, la rapidité des vibrations dues à la conduite, les conséquences d'un brouillage des repères temporels et spatiaux, produiraient un "dérangement cérébral" menant fatalement le chauffeur à la folie. En conséquence, le criminel routier ne serait qu'un malade réclamant des soins appropriés à son état ».

En 1896, le très sage *Echo des praticiens* lance un avertissement solennel : « Les Parisiens se sont habitués à la poussière de crottin. Elle ne les empoisonne plus, mais à

---

[1] Karbu, « La faune de la route », in Peugeot-revue n° 82, p. 26. Organe mensuel de vulgarisation automobile 1929/01-1930/12.

l'acide carbonique que donnent à profusion les moteurs on ne s'habitue pas parce qu'on en meurt tout de suite. »

Contrairement aux prévisions pessimistes du corps médical, les Parisiens ne meurent pas à cause des moteurs. On peut dire que l'automobile est enfin adoptée, et « chauffer » devient un mot à la mode. L'automobile étant en général mue par la vapeur, il faut donc d'abord chauffer la chaudière avant de la mettre en route. Les possesseurs d'automobile se mettent donc à « chauffer », ils deviennent donc des « chauffeurs ». A partir de 1900 il faut une autorisation pour « chauffer ». Elle est l'ancêtre de notre permis de conduire.

A la tribune de l'Assemblée nationale, Lambert (1927) caricaturait les conducteurs de « têtes de fous... d'aliénés » qui se tuent avec « une férocité gaie ». Les constats de ce député sur le comportement du conducteur étaient très précis. En voici un exemple : « la traversée des agglomérations en ouragan, les dépassements à droite à cent à l'heure, les croisements de route faits à pleine admission, les matchs convenus ou tacites, où les conducteurs, les dents serrées, en crise réelle, balaient les routes chargées de véhicules sages, de piétons étourdis... toute cette épilepsie de l'automobile doit disparaître au plus vite ».

Il est temps de rendre compte de la perception de l'opinion publique sur le développement automobile avec la fameuse lettre ouverte de Monsieur Hugues Le Roux adressée au préfet de police à Paris : « Monsieur le Préfet de police, Hier soir à six heures, auprès de la rue de Courcelles, j'ai failli être écrasé, avec ma femme et mes enfants, par un monsieur monté dans une automobile lancée à la vitesse d'une locomotive. Il était, bien entendu, impossible à rattraper. L'agent, à qui je me suis adressé en lui demandant si ce monsieur habitait le quartier, et si nous avions une chance de le retrouver, m'a répondu : « Hélas, Monsieur, nous sommes désarmés devant ces gens-là. Ils savent qu'ils échapperont par la fuite... » Monsieur le Préfet de police, ce n'est pas dans six mois, c'est demain, que vous devez obliger ces écraseurs de porter en évidence le numéro qui permettra de les retrouver après leur fuite. En attendant, je suis au nombre de ceux qui considèrent que la sécurité n'existe pas dans les rues de Paris. Et puisque vos agents se déclarent désarmés, j'ai l'honneur de vous avertir qu'à partir d'aujourd'hui, je me promène avec un revolver dans ma poche et que je tirerai sur le premier chien enragé qui, monté sur une automobile ou sur un tricycle à pétrole, s'enfuira après avoir risqué d'écraser les miens ou moi. Je vous prie d'agréer, Monsieur le Préfet de Police, l'expression de mes sentiments distingués. Hugues Le Roux. Paris, le 6 juin 1898. »

L'importance du parc automobile[1] nécessite en 1922 la mise en place d'une réglementation pour la conduite des véhicules avec la naissance du « permis de conduire »[2]. C'est le préfet Louis Lépine qui a créé en 1893, et seulement pour la région parisienne, le certificat de capacité pour la conduite des véhicules à moteur.

Pour finir, accordons-nous le plaisir des mots avec le journaliste Clément Vautel qui montre[3] dans ses échanges avec un conducteur, combien l'automobile a changé les

---

[1] En France le parc automobile triple en 3 ans et il se monte à 145 000 véhicules en 1922.
[2] Le permis de conduire succède au « certificat de capacité » obligatoire dès 1899.
[3] Vaudel, C. (1929/01-1930/12). « L'auto, école de civisme », in Peugeot-revue n° 82, Organe mensuel de vulgarisation automobile.

mentalités notamment dans le champ du contrôle de la circulation : « L'automobilisme est l'école des bons citoyens, respectueux de l'autorité et de ses représentants... Avant d'avoir une auto, j'étais cet être fantasque, illogique, saugrenu, toujours plus ou moins révolté, cet ennemi des lois qu'on appelle piéton... Instinctivement, je détestais l'agent de police, le gendarme et même le garde champêtre. Toutes les consignes m'étaient odieuses, car j'en étais resté aux vieilles histoires sur les Flics et les Pandores qui disent : « nonobstant » et « subséquemment », et persécutent le pauvre monde. Bref, j'étais un mauvais citoyen, si c'est être mauvais citoyen que dédaigner, narguer, voire maudire l'Ordre et ses défenseurs... Maintenant, tout en me plaignant parfois de certains abus, de certaines erreurs des représentants de l'autorité, je comprends que cette autorité est indispensable ; qu'elle sert l'intérêt commun, que, sans elle, tout serait désordre, embouteillages, emboutissages et catastrophes... J'ai appris à respecter l'agent tutélaire qui n'a pas du tout les grosses moustaches, le vocabulaire et l'accent du persécuteur de Crainquebille[1] : il est jeune, il est correct, il s'exprime à peu près aussi bien que M. Doumic[2] et il fait régner la discipline dans l'armée trépidante des chauf-

---

[1] L'Affaire Crainquebille est une longue nouvelle de 110 pages d'Anatole France, parue en 1901. Jacques Feyder en a fait un film en 1922.
Crainquebille, un marchand de quatre-saisons estimé dans son quartier des Halles, est un jour condamné à une peine de prison pour avoir prétendument insulté un agent de police lui intimant l'ordre de circuler alors qu'il servait une cliente. À sa sortie de prison, il est rejeté par ses clientes, et devient rapidement aigri. Il se met à boire, délaisse sa clientèle et finit par tenter de retourner derrière les barreaux (Source Wikipédia).
[2] René Doumic (1860 – 1937), membre de l'Académie française était professeur de littérature, journaliste et grand critique littéraire (Source Wikipédia).

feurs... J'ai appris à reconnaître les mérites du bon gendarme dont la silhouette protectrice se dresse au milieu des redoutables carrefours. Enfin, le barbare que j'étais est devenu un civilisé, puisque la civilisation, c'est précisément le fait, pour un pays, d'être policé et habité par des gens qui se trouvent bien d'être ainsi organisés et disciplinés. Oui, je me suis dit que l'image la plus belle, la plus éloquente de l'ordre est celle qui représente cent automobiles s'arrêtant, sur l'ordre d'un agent, pour laisser passer cent autres automobiles. C'est ça la Société... Je n'y avais jamais pensé dans cette bousculade où les piétons n'en font qu'à leur guise, comme des sauvages dans la forêt vierge. »

L'industrie automobile française[1] se porte très bien, et elle est prépondérante en Europe en exportant notamment en Espagne et en Angleterre. La voiture moderne est née. De jouet, l'automobile est devenue l'objet d'une grande industrie. Le nombre des voitures augmente chaque année[2] : *1 972* en 1899, *12 984* en 1903, *44 769* en 1909, *90 959* en 1913. Dès 1904, l'industrie automobile emploie plus de 100 000 personnes en France (50 000 ouvriers, 25 000 employés et 25 000 mécaniciens).

La demande devenant très forte, les constructeurs doivent suspendre leurs courses automobiles pour se consacrer à la fabrication en série des voitures. En effet, le grand public, qui adhère maintenant à ce moyen de déplacement, doit pouvoir s'offrir des voitures à un prix abordable.

---

[1] En 1900 la France compte 30 constructeurs automobiles (155 en 1914).
[2] Evolution du nombre des véhicules en France et à Paris, 1899-1913 d'après les éditions de l'Annuaire statistique de la Ville de Paris, Paris.

2. Les femmes et l'automobile à la belle époque

Dans son article « La femme et l'automobile », le journaliste du Figaro Frantz Reichel[1] brosse un portrait intéressant de l'attitude des constructeurs automobiles vis-à-vis de potentielles clientes. En effet, si les hommes n'ont eu de cesse que de faire évoluer la technique automobile, principalement sous l'angle de la motorisation, les femmes, elles, ont largement contribué à rendre les voitures plus conviviales et plus confortables.

Avec un vocabulaire choisi, parfois croustillant, le lecteur entre dans un monde étrange où « l'automobile est devenue un objet féminin qui fait partie du nécessaire de luxe et d'élégance de toute femme du monde… la femme se sert de son auto comme elle se sert de ses toilettes et de ses bijoux, comme une parure à sa beauté et à son élégance ».

Il est vrai qu'à l'aube de l'ère automobile, avec des véhicules qui nécessitaient outre la force musculaire des hommes pour assurer une bonne conduite et aussi la présence d'un mécanicien, les femmes avaient pour « les premières voitures, soufflantes, geignantes, puantes, un instinctif sentiment de répulsion ».

Les constructeurs se sont donc mobilisés en intelligence et créativité pour conquérir la femme à l'automobile avec une carrosserie et des intérieurs séduisants, une suspension confortable, des qualités de silence et de souplesse du moteur, et des commandes facilitées au poste de conduite.

La voiture électrique a rapidement séduit et le grand constructeur M. Krieger connut un succès avec son coupé Krieger pour aller au Bois, à la ville, au théâtre ».

---

[1] Reichel, F. (1906). « La femme et l'automobile », Le Figaro, 29 avril.

La femme hésita longtemps avant d'adopter la voiture à essence, car « les pneumatiques n'étaient pour elle qu'un gage bien incertain de sécurité. Les dérapages et les éclatements, qui, par les routes boueuses ou les pavés glissants, arrachaient chaque instant aux voyageurs des cris d'effroi, quand ils n'entraînaient pas de graves accidents, étaient pour elle une légitime cause d'appréhension ». Avec les pneumatiques cuirs Samson dont la publicité affirme qu'ils sont « antidérapants et imperforables » la voiture devient plus confortable et sécuritaire « vous ne déraperez plus, vous n'éclaterez plus ».

Pour finir, les garages automobiles se sont également adaptés à leurs clientes : « On ne voulut pas que la femme fût exposée, en rendant visite dans son box à son coupé ou à sa limousine, à salir d'huile ou d'essence sa robe et à buter dans un tas de ferraille quelconque. On s'efforça, dès lors, de faire du garage un lieu où elle pût venir à toute heure, même en grande toilette, passer quelques instants, trouver un salon de lecture, une salle de jeux et même une salle de bains qui lui permit, aussi bien que chez elle, de se délasser. »

Les pionnières

A l'origine, l'automobile est destinée aux hommes, c'est une évidence. Il faut attendre 1900 pour que des femmes s'intéressent à l'automobile. Il est vrai que la conduite de ces machines était l'apanage des hommes dans la mesure où elle réclamait force et courage pour surmonter toutes les difficultés de la machine et de la route comme la technique du démarrage, la panne, et l'éclatement des pneumatiques avec son lot de salissures et d'odeurs de pétrole, d'huile et de graisse.

Les constructeurs ont dû faire preuve de beaucoup d'imagination pour rendre ces véhicules automobiles plus confortables, plus fiables et surtout mieux adaptés à la gent féminine. Du statut généralement de passagères ou de « mannequins » dans les salons automobiles ou bien pour les concours d'élégance voiture - femme, ou encore au départ des courses, certaines femmes, souvent des compagnes de constructeurs ou des femmes de la grande bourgeoisie et de l'aristocratie, ont osé prendre le volant. Citons parmi ces pionnières, pour les plus connues, Bertha Benz[1], Camille du Gast[2] et la duchesse d'Uzès[3].

Par ailleurs, les vedettes de l'époque participent à ce nouveau phénomène : Greta Garbo, Joséphine Baker ou encore Gaby Morlay en posant avec élégance au volant de leur automobile. Pour finir, les constructeurs font désormais une belle place aux femmes dans la publicité… des consommatrices en puissance.

---

[1] En 1888 Bertha Benz épouse de Carl Benz, constructeur automobile, sans le dire à son mari et sans la permission des autorités, a accompli le premier véritable déplacement automobile, avec ses deux enfants, un aller-retour de 180 km (Mannheim à Pforzheim en Allemagne) pour saluer ses parents.
[2] Camille Desinge, dite Camille du Gast (1868-1942), est le second visage féminin de l'automobile à la Belle Époque. Elle déclare : « C'est par curiosité que j'ai commencé à faire de l'automobile, et c'est par goût que j'ai continué ».
[3] La duchesse d'Uzès (1847-1933), née Marie Adrienne Anne Victorienne de Rochechouart de Mortemart.
Militante des droits de la femme la duchesse d'Uzès, à l'âge de 51 ans, est la première femme à obtenir l'équivalent du permis de conduire en 1898. Elle a été aussi la première femme à être verbalisée pour excès de vitesse dans le bois de Boulogne (15 km/h au lieu de 12 km/h). Elle a fondé le premier « Automobile Club » féminin en 1926.

Sans contexte Alexandre Buisseret[1] brosse de belle façon l'histoire et le portrait des femmes au volant à la *Belle Epoque*[2]. En effet, Buisseret effectue « une analyse — genrée — des rapports sociaux entre les sexes autour de l'automobile ».

Il est vrai que les femmes adoptent progressivement ce type de mobilité. Ce sont tout d'abord « les récits de voyage féminins dont les rédactrices montrent que les femmes ont toutes les aptitudes physiques et psychologiques suffisantes pour voyager.[3] » Avec la production des premiers véhicules, dans un climat d'euphorie générale pour les sciences et les techniques, les femmes n'apparaissent cependant que dans l'ombre de leur mari inventeur ou constructeur automobile. Ensuite, la femme se décide enfin à monter à bord du véhicule avec le statut de passagère du mari ou d'un chauffeur-mécanicien « Mari ou chauffeur, il faut une représentation de l'ordre social et familial. Une femme seule au volant éveille l'animosité, la suspicion. » Il faudra la personnalité et le talent de certaines « femmes pilotes » comme les deux pionnières de l'automobilisme féminin : la duchesse d'Uzès et Camille du Gast pour perturber l'édifice social masculin... des femmes exceptionnelles qui avaient en

---

[1] Buisseret, A. (2000). « Les femmes et l'automobile à la Belle Epoque », in Le Mouvement Social 2000 / 3, n° 192, Les Éditions de l'Atelier/Éditions Ouvrières, pp. 41 à 64.
[2] La Belle Epoque se situe dans la période couvrant le début de la construction automobile jusqu'à la Première Guerre mondiale. Certains auteurs élargissent la période jusque dans les années 20 voire 30. En tout état de cause La Belle Epoque rappelle aux Français une période heureuse au cours de la première révolution industrielle avant le malheur des guerres mondiales.
[3] Albasio, I. (1990). « Les femmes et le voyage en France 1880-1914 », maîtrise d'histoire, Université Paris VII.

commun d'appartenir à l'élite sociale, d'être riches et libres.

Si certaines femmes sont effrayées par la vitesse, d'autres comme Camille du Gast nous livre[1] ses sensations et son plaisir au volant : « Je me garde d'entr'ouvrir la bouche, j'aurais froid aux dents, le vent gonflerait mes joues à les tendre comme des voiles et je fais un effort déjà grand pour tenir la tête en avant avec, malgré tout, une douleur à la nuque ! Mais la route est blanche, droite, à perte de vue... pas un obstacle... le moteur ronfle, bat et martèle. Il se produit alors, toujours chez moi, un fait bizarre, comme une sorte d'extériorisation étrange. Je conduis et ce n'est plus moi qui pense. Insensiblement au rythme pressé du moteur, un air — une phase musicale ou vers sonore, voire chanson banale — chante en moi-même, se cadençant avec le ronflement du moteur et cela est une obsession d'une monotonie non sans un charme de rêve, qui ne cesse qu'à l'approche d'un obstacle, d'un accident de terrain, ou de la voiture d'un concurrent. Alors tout change ! Cette voiture, ce n'est qu'un nuage qu'il faut pénétrer. [...] Ce nuage, cette voiture, il faut les rattraper, les dépasser, coûte que coûte. Dans cet instant, les sommets des arbres, seuls, vous guident ; le sable, le gravier cinglent au visage, on dirait une nuée d'invisibles flèches, comme les piqûres d'aiguilles... »

Camille du Gast fut la première Française à devenir pilote de course professionnelle en 1901. Elle participa à plusieurs rallyes internationaux au cours desquels elle s'illustra : Paris-Berlin en 1901, Paris-Vienne en 1902, et Paris-Madrid en 1903.

---

[1] Cité par Buisseret, « *L'Auto* », 1er décembre 1904.

Entre 1911 et 1914, on dénombre seulement 300 permis délivrés à des femmes[1] ! C'est sans doute la conséquence de la critique incessante de l'aristocratie envers l'automobile. La comtesse Jean de Pange nous décrit toute la répugnance de son milieu face à ce nouveau moyen de déplacement : « La nouvelle industrie mécanique restait confinée dans un monde un peu interlope, vulgaire par définition, dont l'aspect volontairement débraillé semblait un défi à l'élégance guindée de l'époque. Nous fûmes bien étonnés et même un peu scandalisés d'apprendre vers 1900 que notre tante, la marquise de l'Aigle, achetait un coupé "électrique". [...] L'absence du cheval devant le siège du conducteur me semblait inconcevable.[2] »

La critique

On ne résiste pas à offrir au lecteur quelques réflexions ou représentations synonymes de peurs que fait naître l'automobile : « C'est sale, dégoûtant, ça sent mauvais et ça ne marche pas » ; « Ma grand-mère daigne tourner autour du monstre » ; « Parfois même, le — monstre — peut vous attaquer d'une façon inattendue en vous lançant un jet de liquide [...] s'épanouissant en gerbes [...] et retombant en gouttelettes brûlantes, visqueuses et verdâtres » ; « une femme sur une auto représente symboliquement un danger » ; « On traversait les villages à l'effrayante allure de 12 à 15 kilomètres à l'heure devant la population terrifiée » ; « ... deux ennemis, la vitesse et la poussière. La vitesse qui décoiffe et qui rougit la peau à une époque où

---

[1] Sur une population parisienne en 1911 de 2,8 millions d'habitants, dont 1,5 million de femmes.
[2] Cité par Buisseret, *Comtesse de Pange, Comment j'ai vu 1900*, t. 2, Paris, Grasset, 1965, p. 39.

la blancheur est préférée. La poussière quant à elle s'immisce partout et risque de salir les plus belles toilettes. »

Au-delà de la critique ouverte des classes sociales supérieures — aristocratie et bourgeoisie[1] — sur le versant désagréable de l'automobilisme, force est de constater que celle de la société masculine est toujours bien présente de façon sourde et profonde. En effet, les hommes sont déstabilisés par ces femmes qui osent transgresser les usages communs, car « une femme sur une automobile représente symboliquement un danger (…) une femme qui n'est plus sous le contrôle d'un homme et donc de la société, c'est une femme qui échappe au cercle familial, et donc à un des fondements présumés de cette société. »

Certains n'hésitent pas à sérier les déficits au volant de la gent féminine en avançant qu'elle cumule « trois sources d'infériorité : une déficience physique, intellectuelle et une instabilité émotionnelle. La femme est présentée comme inapte physiquement à la conduite de l'automobile : le démarrage au cric, la direction rude, le passage des vitesses sont présentés comme autant d'obstacles musculaires pour les femmes. En condition de route, le manque d'adresse, ou encore de contrôle musculaire empêche les femmes de prendre les virages convenablement ou de réagir promptement à un obstacle inattendu.[2] » Leurs compétences psychologiques sont, elles aussi, mises en cause. Buisseret cite des propos révélateurs tenus en 1906 par un homme de lettres Gaston

---

[1] A la Belle Epoque, la Haute Société se divise en deux catégories : l'aristocratie et la bourgeoisie. La première s'attache à des valeurs très traditionnelles, proches de la royauté. La seconde, plus libérale, prône le modernisme et le système démocratique.
[2] Buisseret, A. (2000), op. cit., p. 57.

Labadie-Lagrave, sur une prétendue dangerosité de la femme conductrice, qui affirmait : « Les imperfections naturelles des femmes les rendront toujours inaptes à conduire », ou encore « Au lieu de regarder devant elle si la route est libre, elle s'égarera dans une rêverie sans fin. (...) Il est trop tard pour éviter la catastrophe... sa main droite se trompe de levier et ses pieds, empêtrés dans le pli de sa robe, ne retrouvent pas la pédale qui interrompt la transmission du pouvoir moteur... En résumé, il est très probable que l'art de conduire un (sic) automobile ne deviendra jamais un métier de femme.[1] » C'est dans ces conditions que le stéréotype sur les femmes au volant a pris naissance pour devenir « Femme au volant, mort au tournant ».

Force est donc de constater que les femmes comme les hommes possèdent toutes les qualités pour la conduite sportive. En effet, leur caractère, leurs aptitudes physiques, leurs attitudes psychologiques se manifestent de façon identique dans les conditions sévères de la course automobile. La connotation érotique n'est pas absente du discours des hommes et des femmes : Chez Camille du Gast : « je la cravachais pour hâter son allure » ; « J'ai alors une satisfaction intense. » Chez les hommes : « Avant de monter sur la machine, elle [une amie] jeta un regard éploré de vierge sur le point de ne plus l'être... Mon volant à la main, nous brûlions nos 60 kilomètres [...]. Ma voisine étincelait, ce nouvel exercice l'avait émoustillée, ses yeux brillaient et sa poitrine rondelette tressaillait, sous

---

[1] Labadie-Lagrave, G. (1906). « *Les annales* », issue du dossier sur l'automobile de la Bibliothèque Marguerite Durand de Paris, cité par Alexandre Buisseret, op. cit., pp. 57-58.

le souffle que deux petites narines excitantes humaient voluptueusement. [1] »

Utilisant un moteur à vapeur, au pétrole ou à l'électricité, les automobiles du XIXe siècle n'avaient pas encore trouvé une forme originale de carrosserie. A l'exception des modèles construits spécialement pour la vitesse, comme *l'Œuf de Pâques* ou la *Jamais Contente*, ce n'était encore que des carrosses sans chevaux.

Si l'automobile attire de plus en plus l'attention du public, elle n'en est pas devenue pour autant un instrument de transport commode. « Prendre la route au volant d'une voiture de l'époque n'est pas partir en voyage, mais se lancer dans une aventure. Il faut d'abord un équipement spécial. De nombreuses voitures sont découvertes. Même les conduites intérieures ne sont pas hermétiques à la poussière. Les audacieux voyageurs s'emmitouflent dans de vastes manteaux fermés au cou et aux poignets. L'absence de pare-brise met leur visage à la merci du vent et des projections de gravier. Ils se coiffent donc d'une casquette et se protègent les yeux par d'épaisses lunettes. Ainsi équipés, ils doivent affronter les routes creusées de trous.[2] »

Pour finir, l'automobile, en se féminisant[3], devient un objet luxueux qui permet le développement de l'industrie automobile : « C'est la carrosserie[4] qui dorénavant expose

---

[1] Cité par Buisseret, Mazet, (1900). « L'auto dans les mœurs », L'Auto, 28 octobre.
[2] Documents pour la classe 1967, numéro 212, 8 juin 1967.
Histoire de l'automobile. Fiche documentaire établie par R. Ballet.
[3] Chez les femmes l'accès à la liberté de conduire se fait progressivement : Quelques pionnières avant 1900, puis 3 % des permis en 1924, et 23 % en 1924.
[4] Vers 1905 les carrosseries fermées se généralisent.

la richesse et le goût de son propriétaire. Le métier de carrossier est d'ailleurs au même titre que la Haute Couture, la bijouterie, la maroquinerie, la parfumerie, taxé comme industrie de luxe. [1] »

L'automobile a donc permis aux femmes de se rendre compte que l'on peut vivre sans assistance masculine. Les femmes sont devenues un peu plus autonomes, un peu plus libres. C'est à Paris, baptisée Ville lumière, à cause de l'électricité et des lanternes automobiles, que la Belle Epoque trouve son apogée avec le luxe et l'élégance.

En conclusion, la femme a stimulé et influencé les progrès de l'industrie automobile. On finalise cette revue sur la femme et l'automobile à la Belle Epoque avec les mots de Reichel : « C'est la revanche de l'axiome « Cherchez la femme ! ». Et cela prouve qu'il faut aussi la chercher lorsqu'il s'agit de trouver la source du progrès, de la beauté et de la perfection. »

3. Aspect médical à l'aube de l'ère automobile

Les travaux[2] du docteur Emile Blanchet en 1904 méritent à tout le moins d'être exposés dans cet ouvrage dans la mesure où l'automobile est préconisée par le corps médical pour traiter certaines maladies. Dans son ouvrage, Blanchet témoigne, avec cette réflexion liminaire, de l'état d'esprit de son temps sur l'automobile considérée : « comme un mal qui répand la terreur et capable, en un

---

[1] Neret, G. et Poulin, H. (1989). *L'art, la femme et l'automobile*, Paris, EPA.
[2] Blanchet, E. (1904). *Automobilisme et médecine : rôle thérapeutique de l'automobile*, 46 p.
Le Dr Blanchet était médecin stagiaire à l'hôpital militaire du Val de Grâce, Paris.

jour, d'enrichir l'Achéron.[1] » L'automobile est donc dangereuse et il revient au médecin d'en autoriser la pratique notamment pour tous ceux qui souffrent de maladies chroniques.

La méthodologie de sa recherche scientifique est simple : demander à des malades sélectionnés pour leur probité, des confrères médecins et des patients, de décrire l'évolution de leur maladie en fonction de l'utilisation de leur véhicule automobile : « Notre but n'a pas été de faire de l'automobilisme un traitement unique, nous nous sommes proposé seulement de montrer qu'il peut offrir à la thérapeutique et à l'hygiène de précieuses ressources, soit qu'il constitue la base du traitement employé, soit qu'il en favorise le résultat.[2] »

Il préconise d'utiliser le véhicule à une allure de 30 à 40 km/h. Le dépassement de cette vitesse aurait des conséquences plutôt négatives, car le conducteur, qui roule beaucoup plus vite doit redoubler d'attention pour vaincre les difficultés et assurer sa sécurité : « le chauffeur quelque peu soucieux de la vie de son prochain et de la sienne propre… finit par fatiguer et par s'énerver… et cela neutraliserait le bon effet de l'air pur. »

Pour Blanchet, la fonction déplacement est devenue une fièvre qu'il nomme la « locomotite aiguë ». Il assure également que la vitesse est une forme d'ivresse comme l'alcool : « Quand on a goûté à la vitesse, on y revient comme le buveur à son absinthe. Il y a là une autre forme de l'alcoolisme. » Bref, se déplacer est une nécessité sociale.

---

[1] L'Achéron, terme de mythologie, fleuve des enfers.
[2] Blanchet, op.cit., p.4.

On passe en revue les diverses affections dans lesquelles l'emploi de l'automobile peut être bénéfique pour le malade. Par ailleurs, quelles sont les préconisations thérapeutiques du docteur Blanchet ?

La tuberculose

La tuberculose est une maladie infectieuse chronique touchant principalement le poumon. L'agent pathogène de la tuberculose a été découvert et caractérisé en 1882 par Robert Koch.

Selon Blanchet, le profil à rechercher est celui de patients jeunes, à tempérament généralement lymphatique, au teint blanc et mat, aux cheveux blond-roux ; ils ont des antécédents héréditaires chargés au chapitre tuberculose.

En fait, la thérapie la plus appropriée pour un tuberculeux est de lui offrir un séjour au grand air et du repos, combiné à une alimentation intensive. Or, c'est précisément l'automobile qui remplira toutes les indications de cette méthode. En effet, ce n'est pas seulement l'appétit qui est stimulé avec les trépidations du véhicule et le froid et qui oblige le corps à se suralimenter, mais c'est l'assimilation qui est favorisée, gage essentiel de la nutrition du tuberculeux.

Pour finir, on relate, dans son intégralité, une des nombreuses observations justificatrices :

Observation 1

(Due à l'obligeance de M. le Dr Mouisset)

R. Jean, dix-neuf ans, chauffeur. Le malade entre à l'Hôtel-Dieu pour une bronchite. Fièvre typhoïde à Brest, en novembre. 1901, soignée par les bains froids.

Venu à Lyon en avril 1903, il rentra à l'Hôtel-Dieu dans le service de M. Garel, où il resta deux mois. En sortant de l'Hôtel-Dieu, il s'est placé comme conducteur d'automobile. Pendant trois mois, il a conduit une automobile. Il sortait en moyenne quatre fois par semaine, deux à trois heures chaque fois, à une allure de 30 à 40 kilomètres à l'heure. Il a remarqué d'une façon très nette qu'il ne toussait jamais au grand air, alors qu'il toussait dans la journée ; qu'il se sentait très bien sur sa machine et que, d'autre part, il n'y avait pas aggravation des symptômes dans la nuit qui suivait la course en automobile.

- La toux chez le tuberculeux

Avec l'automobile, on obtient la diminution progressive de la toux, quelquefois sa suppression. Le mécanisme de la toux est un acte réflexe, né d'excitations sensitives provenant de la gorge. Par une volonté énergique, on peut s'opposer[1] à cet acte réflexe, mais rarement longtemps quand l'excitation sensitive est persistante. « Certains tuberculeux, dit M. le Dr Mouisset, toussent sans arrêt et sans motif ; leur toux stérile ne s'accompagne d'aucune expectoration et l'auscultation ne fait pas entendre de râles. »

En l'espèce, force est de constater qu'il existe une discipline inconsciente chez les chauffeurs grisés par la vitesse, la beauté des paysages, et le plaisir de conduire : Ils suspendent involontairement leur toux. Nous ne pouvons expliquer cette curieuse disparition de la toux que par le facteur distraction.

---

[1] A ce propos le docteur Blanchet cite ses confrères allemands qui insistent sur la nécessité de discipliner la toux, et qui interdisent aux patients de tousser.

- L'anorexie chez le tuberculeux

« C'est la destinée particulière des tuberculeux de voir, pendant que les tissus disparaissent par le fait de la dénutrition, pendant que les tissus meurent de faim, la véritable faim diminuer de plus en plus. »

Blanchet résume ses dix-sept observations sur le sujet en affirmant que les malades recouvraient le goût de manger : « Après chaque promenade en automobile, j'ai mangé avec appétit. »

Par ailleurs, l'impression de froid que procure la grande vitesse joue également un rôle important. En effet, pour lutter contre le refroidissement, l'organisme est obligé de réagir violemment et son moyen de défense c'est la faim.

- L'insomnie chez le tuberculeux

Généralement, ce n'est que vers 2 ou 3 heures du matin que ces malades peuvent trouver le repos dans la mesure où la toux, faisant son office, les arrache du sommeil. Souvent, la fièvre les laisse également en état de veille.

La pratique automobile influence donc favorablement le sommeil du fait de son action tranquillisante sur le système nerveux, avec les trépidations que le moteur et le châssis du véhicule occasionnent, et enfin par la puissante oxygénation du corps et des poumons.

En résumé, si la médecine cherche des moyens de lutte contre la tuberculose elle doit considérer l'automobile comme une précieuse ressource notamment contre la toux, l'anorexie et l'insomnie.

Les névropathes

Il s'agit d'un trouble psychologique du système nerveux central qui n'a pas d'origine physique. Le névropathe a conscience de ses troubles et souffre souvent de fatigue, d'anxiété ou de déprime.

En l'espèce, la neurasthénie et les neurasthéniques sont d'accord pour ne pas mettre systématiquement en place un traitement médicamenteux.[1] C'est surtout le repos, l'hygiène de vie et la pratique d'exercices agréables qui sont privilégiés.

Observation 12

(Due à l'obligeance de M. le Dr Blackland)

Le Dr Blackland, atteint d'épuisement nerveux et d'insomnie, analyse ainsi l'action de l'automobile dans son propre cas : « L'automobilisme nous offre la forme d'exercice la meilleure qui ait été inventée ; supérieur à la gymnastique et aux autres sports en ce qu'il vous permet d'aller sans fatigue vivre au grand air et au soleil... Les poumons font de profondes inspirations d'air pur ; le cœur bat plus pleinement, plus vite et plus librement ; le cerveau lassé est soulagé du fardeau de la congestion sanguine et l'heureux chauffeur rentre de sa promenade frais et dispo, avec une digestion et un appétit de bûcheron, tout prêt pour un doux et bienfaisant repos. Je parle en connaissance de cause, car je suis sorti, grâce à mon auto, des ténèbres de l'épuisement cérébral et de l'insomnie, pour rentrer dans une vie nouvelle de santé.[2] »

---

[1] Les antidépresseurs peuvent être utiles pour atténuer les symptômes douloureux et la fatigue.
[2] Blanchet, op.cit., p. 28.

Blanchet préconise également l'objet voiture pour traiter les morphinomanes : « L'automobilisme, en exigeant une grande dépense d'attention dans la conduite, de sollicitude pour l'entretien, en favorisant favorablement le sommeil, en procurant aux chauffeurs une certaine gaieté, une certaine griserie vite dégénérée en véritable passion, était appelé à jouer son rôle dans le traitement de la morphinomanie. »

Quels sont les avantages et les contre-indications qui militent pour l'utilisation de l'automobile comme moyen de traitement médical ?

Avantages de l'automobilisme dans divers états pathologiques

« L'automobilisme, en activant puissamment la respiration et la circulation, trouvera une place méritée dans la thérapeutique, chaque fois qu'il s'agira de maladies où la nutrition ralentie a besoin d'un vigoureux coup de fouet : dans le diabète, dans la goutte, dans certaines formes de rhumatisme. »

Contre-indications sur l'utilisation de l'automobile

Blanchet considère la pratique automobile comme une activité sportive. Dans ce cas, c'est à un médecin qu'il revient de délivrer l'autorisation ou non de conduire un véhicule.

En tout état de cause, l'automobile doit être strictement interdite pour toutes les affections cardiaques. En effet, bien que la conduite routière soit peu fatigante, il ressort cependant que cela « ... n'en exige pas moins une tension d'esprit constante, parfois des mouvements de bras qui doivent être exécutés, soit avec une certaine force, soit avec brusquerie. On comprend la fatigue qui peut en résulter pour le cœur ; d'autre part, la respiration plus active entraîne une accélération de la circulation qui peut aboutir au surmenage du cœur. »

En conclusion, nous pouvons dire que le docteur Blanchet, avec la compilation d'observations médicales sur des patients tuberculeux et des névropathes, a effectué une belle œuvre scientifique pour le développement de l'automobile comme thérapeutique médicale.

En 1904, il est donc bien établi que la pratique automobile permet une oxygénation maximale du corps du malade, que les trépidations du véhicule ainsi que le froid dû à la vitesse favorisent une augmentation de la faim. Par ailleurs, au cours du déplacement l'esprit se concentre sur la découverte des paysages et les obstacles du parcours, ce qui est plutôt favorable pour l'éloigner de sa maladie.

PARTIE 2

Comportements des hommes et des femmes au volant

1. Bien conduire c'est difficile, c'est un véritable acte de travail

L'activité au volant est envisagée comme un véritable travail humain. En effet, la conduite est complexe et difficile, car elle mobilise le conducteur de façon dynamique dans un espace collectif. Les principaux progrès réalisés dans les sciences de l'homme au travail vont aider à définir ce « concept d'acte de travail par rapport à la conduite automobile ».

La recherche scientifique, notamment avec Christophe Dejours[1] a bien montré que toute tâche humaine, autrement dit, ce que l'on veut obtenir ou bien ce que l'on devrait faire, n'est jamais parfaitement réalisée. On observe toujours un décalage dans l'action humaine entre le travail prescrit et le travail réel. Malgré la mobilisation positive de l'homme face aux situations mouvantes et changeantes, et face à l'imprévu, l'échec partiel est donc

---

[1] C. Dejours, C. (1999). *Le facteur humain*. (2ème édit.), Paris : Presses Universitaires de France.

fondamentalement inclus dans les concepts d'efficacité et d'utilité.

Dans ce contexte, on peut transposer la nature des relations de l'homme avec son environnement de travail avec la pratique de la conduite automobile. On peut également transférer le domaine des défaillances en situation de travail à celui des infractions ou accidents routiers, de même que les ressources mobilisables à la compétence de conduite automobile. On est donc bien effectivement en situation de travail quand on conduit un véhicule, d'abord du fait de la complexité de la tâche à accomplir et aussi du nécessaire engagement de l'homme dans l'activité de conduite. L'acte technique, représenté par le moyen automobile, peut être homologué au titre du travail, dans la mesure où le critère d'efficacité existe — se déplacer en sécurité — et qu'il recouvre au moins, par exemple, une utilité sociale.

On a donc fait considérablement progresser l'analyse du concept de tâche de conduite automobile dans la mesure où l'on peut d'une part, caractériser l'activité routière comme un acte de travail avec ses imperfections irréductibles quant aux prescriptions du Code de la route et aux performances humaines ; d'autre part, au regard des dysfonctionnements importants qui existent dans le système de circulation, il apparaît maintenant que la notion de coopération[1] routière soit à même d'obtenir des résultats pour

---

[1] A titre d'exemple, la circulation automobile, très dense, sur la place de l'Etoile à Paris montre de belle façon comment les conducteurs adoptent un comportement responsable de coopération routière. En effet, 12 voies convergent sur l'Arc de Triomphe, une place où la signalisation horizontale est absente, et où 10 voitures peuvent rouler de front sur l'anneau. Les conducteurs n'ont qu'une règle à respecter : la priorité à droite. La coopération entre les conducteurs s'impose pour entrer, circuler, ou sortir en sécurité de la place Charles de Gaulle.

réduire l'accidentologie et éradiquer les incivilités routières. En effet, les usagers de la route se déplacent de façon collective sur le réseau de circulation. Il s'agit pour eux de coopérer afin d'accroître leur performance individuelle, pour « corriger » les erreurs et défaillances de certains usagers.

La conduite automobile représente effectivement une activité de travail qui admet un décalage plutôt défavorable dans l'exercice de la tâche de conduite. Il n'est donc pas surprenant de constater des dysfonctionnements préjudiciables à la sécurité sur la route en termes d'accidentologie. En effet, les dimensions physio-psycho-sociologiques méritent des enseignements soutenus pour forger la prise de conscience des conducteurs dans leurs responsabilités d'usagers de l'espace social de la circulation automobile : respect de soi, d'autrui et partage de l'environnement routier.

2. Le cerveau ne fonctionne pas de la même manière pour tous les conducteurs

Nées avec l'informatique et les techniques de traitement de l'information, les sciences cognitives ont pour objet de décrire et d'expliquer les principales capacités de l'esprit humain. Leur nouveauté a été de favoriser les échanges entre des disciplines aussi différentes que l'intelligence artificielle, la psychologie et l'ergonomie cognitive, les neurosciences, la linguistique, l'anthropologie ou l'épistémologie. Cette confrontation est à l'origine d'un renouveau, du point de vue des problématiques et des méthodes d'investigation. Dans le domaine de la conduite automobile, les capacités cognitives permettent une communication entre l'homme et la machine qui se conforme à ses décisions par le truchement de la mise en œuvre de mécanismes perceptivo-cognitifs et psychomoteurs. Selon Jean-François Dortier[1] « les sciences cognitives se sont édifiées à partir de deux grands modèles de référence. L'un est technique : c'est le modèle de l'ordinateur, la discipline associée est l'informatique. L'autre modèle est biologique : c'est celui du cerveau, les disciplines associées sont les neurosciences. »

La « cognition » désigne tout ce qui a trait à la connaissance par le biais de la perception visuelle, tactile et auditive. Elle implique en particulier le traitement de l'information auquel doit se livrer tout conducteur pour analyser une difficulté routière, avant de faire un choix stratégique. Les différentes mémoires (épisodique, court terme, long terme) sont de grosses consommatrices de l'activité cognitive. En fait, elles constituent le cœur du dispositif cognitif. L'apprentissage, lui aussi, nécessite des apports cognitifs importants pour acquérir toutes les notions élémentaires qui doivent ensuite se déclencher de façon automatique.

1. Comment s'effectue le traitement de l'information routière ?

Le traitement cognitif routier est complexe. Le conducteur évolue de façon dynamique dans un espace social qu'il doit à chaque instant se représenter (agglomération, campagne, route et autoroute). Il doit rechercher les in-

---

[1] Dortier, J-F. (1998). *Les sciences humaines panorama des connaissances.* Auxerre : Editions Sciences Humaines.

dices d'un éventuel risque, un obstacle à la progression. Son système cognitif doit être assez performant pour permettre une sélection rapide des informations les plus importantes, pour les interpréter et pour déclencher des procédures psychomotrices adaptées.

Analysons donc le traitement de l'information dans la tâche de conduite automobile. Chronologiquement, le fonctionnement cognitif dépend d'abord du mécanisme sensoriel de la prise d'information. Il s'agit, si l'on considère la vue, d'identifier des formes, des objets, des obstacles sur la route. On sait que certaines opérations de traitement sont effectuées directement sous le contrôle du conducteur et d'autres de façon automatisée. On sait aussi que le système de traitement humain ne peut analyser la totalité des informations reçues par les récepteurs sensoriels : une sélection s'opère sur des critères et des caractéristiques particuliers.

A ce stade de notre analyse, il faut évoquer le rôle de la mémoire à long terme qui contient toutes les connaissances stabilisées, tous les savoirs nécessaires à l'action et à la compréhension des messages et des situations. Il est généralement admis que l'individu adulte ne peut pas enregistrer plus de « sept éléments ». Au-delà, certaines informations disparaissent au profit des informations les plus essentielles. L'homme au volant identifie les indices ou les événements importants et les compare à ceux enregistrés dans sa mémoire. C'est pourquoi, à partir d'une forme relativement vague, dans un contexte donné, le conducteur pourra adopter une série de comportements.

Prenons l'exemple de la circulation en agglomération : on aperçoit tout d'abord, au loin, une masse d'habitations qu'on décline en agglomération, puis on imagine que tôt ou tard on sera en présence d'un panneau « d'entrée en agglomération ». Cette nouvelle situation de conduite impliquera, bien souvent, une réduction notable de la vitesse, un changement de statut de la route et des interactions avec les autres usagers. Faisant toujours appel à sa mémoire, le conducteur se rappellera qu'il avait fait, dans cette situation, l'objet d'un contrôle des forces de l'ordre, ou bien qu'un piéton avait surgi devant son véhicule, ou bien encore qu'il avait été victime d'un accident… Le conducteur se base ici sur sa « mémoire épisodique ». Autrement dit, le conducteur interpréterait son activité dans le réseau de circulation en fonction de son référentiel routier. En marge de la mémoire à long terme (fond de la connaissance) et à court terme (pour l'action en cours), il existerait une mémoire liée à l'accomplissement de la tâche. Cette mémoire épisodique (ou mémoire de la tâche de conduite) consignerait tout l'historique de la conduite automobile, les apprentissages et aussi les troubles psychologiques liés à d'éventuels accidents. En situation de conduite, l'automobiliste se trouve souvent confronté à de multiples actions à accomplir. Parfois, il peut aussi rester perplexe face à deux situations possibles, ce qui est plus embarrassant pour la sécurité…

PARADOXE DE L'ÉDUCATION ROUTIÈRE

Le fonctionnement du système cognitif pose une question centrale en sécurité routière avec le paradoxe suivant : le conducteur analyse la situation de conduite en fonction de ses expériences routières… et il décide ensuite de mettre en œuvre une action adaptée en fonction de sa personnalité sociale !

Ce paradoxe explique en partie la source des nombreux dysfonctionnements. Le conducteur ne peut effectivement développer sa stratégie cognitive, dans la mesure où le fonctionnement général du système cognitif est limité pour effectuer certaines opérations.

Le traitement cognitif s'effectue donc à différents niveaux :
- L'analyse du signal (niveau infra-sémantique) ;
- L'identification des objets physiques ou symboliques (niveau sémantique) ;
- Le traitement de l'information et prise de décisions (niveau d'interprétation).

2. Performance de la tâche de conduite

Si l'on tient compte des types de personnalités et des différentes modalités de traitement de l'information, il apparaît évident qu'on sera en présence de performances variables dans la tâche cognitive. Tout l'être humain est engagé dans le processus cognitif. La performance peut se mesurer très généralement en termes de réussite ou d'échec. Dans le domaine de la conduite routière, le nombre d'infractions et d'accidents est l'étalon le plus évident.

Apprécions maintenant le niveau de traitement de la tâche de conduite : L'automobiliste est-il conscient des difficultés à surmonter ? Déclenche-t-il toujours la réponse appropriée ?

L'étude[1] d'Annick Pottier montre une prise d'information différente selon le sexe. Elle explique aussi comment le conducteur se comporte dans la recherche

---

[1] Pottier, A., Soubercaze, J-J., & Perrot, C. (1993). « Traitement informatif visuel à l'intérieur de l'habitacle d'un véhicule routier » (Rapport N° 164), Arcueil : INRETS.

d'indices importants ou d'informations à bord du véhicule. Elle rappelle que la durée du traitement cognitif est relativement courte. Les résultats de son étude montrent que « les hommes et les femmes ne consacrent en moyenne que 7 % du temps réel de trajet sur les aides[1] de conduite ». Dans les situations complexes, l'exploration visuelle sur l'environnement peut occuper 95 % du temps. Ce qui est remarquable c'est le fait que les hommes et les femmes se distinguent « par leurs stratégies perceptives visuelles. Ces dernières privilégient nettement la prise et le traitement des indices visuels contenus dans l'environnement au détriment des aides de conduite ». Analysant le comportement de l'automobiliste dans l'habitacle, Pottier estime à plus d'une seconde les trajets oculomoteurs simples[2] (trajets des yeux) lorsque le conducteur obéit à une consigne qui consiste à visualiser soit l'horloge soit le compteur de vitesse. Elle montre également que le réglage d'un dispositif (ventilation ou poste de radio) associant une prise d'information et une manipulation manuelle fait appel à des trajets oculomoteurs complexes[3]. La durée moyenne du traitement est d'une seconde, ce qui témoigne de la difficulté à utiliser ces systèmes. Elle constate que les conducteurs ne s'autorisent que très rarement un traitement informatif visuel dans l'habitacle supérieur à deux seconde, car cela constitue

---

[1] Les aides à la conduite : le tableau de bord et les rétroviseurs. Les femmes n'utilisent pas le rétroviseur extérieur, elles regardent surtout le rétroviseur intérieur. Les hommes présentent des temps globaux plus élevés sur le tableau de bord et sur le rétroviseur extérieur.
[2] Le trajet oculomoteur simple est constitué par l'observation successive de l'environnement, puis d'un élément du tableau de bord, et enfin un retour sur l'environnement.
[3] Il est constaté 6 à 7 trajets environnement-tableau de bord-environnement.

une « limite psychologique de sécurité » ou une « limite temporelle » qui ne peut être franchie.

Ces résultats montrent que la tâche de conduite mobilise une grande partie des activités perceptives, d'où proviennent pourtant 90 % des indices intervenant dans la prise de décision. Au regard des délais de traitement de l'information, qui sont particulièrement longs, Pottier suggère « une limitation en nombre et en bonne ergonomie[1] des dispositifs ». Le rôle des instruments de bord consiste à présenter à l'ensemble des conducteurs une information assimilable rapidement, facilement et avec certitude. Il est donc indispensable que « leur gestion perceptivo-cognitive et manuelle ne rentre pas en interférence avec la tâche principale ». A cette seconde réservée au traitement de l'information, il faut ajouter d'autres temps incompressibles comme celui nécessaire, par exemple, à l'arrêt du véhicule.

Le traitement cognitif de l'information (sur l'environnement et dans l'habitacle) varie selon le sexe[2] de l'automobiliste. L'analyse de la tâche du conducteur met en évidence que « la prise de traitement informatif visuel aux rétroviseurs occupe un double statut : celui de régulateur du positionnement du véhicule dans la circulation et celui du déclencheur d'une prise de décision quant à une éventuelle manœuvre ». L'étude de Pottier explique en partie les excès de vitesse en agglomération dans la mesure où les conducteurs sont occupés à résoudre les

---

[1] La distribution du regard vers le tableau de bord obéit à la logique pédagogique du traitement de l'image de la gauche vers la droite. Résultats des captations de cadrans : gauche 5%, milieu 41% et à droite 54%.
[2] Résultat inattendu, les femmes consultent moins que les hommes les instruments du véhicule : rétroviseurs extérieurs –50% et tableau de bord –30%.

difficultés de circulation et qu'ils regardent rarement le compteur de vitesse... Ne doit-on pas envisager l'équipement en série d'un avertisseur sonore de survitesse en agglomération ?

3. Poids de la charge mentale dans l'activité au volant

Bien qu'elle ne soit pas directement observable, l'activité mentale est un objet d'étude incontournable de la psychologie cognitive. Elle nécessite nombre d'efforts intellectuels de la part du conducteur pour recueillir, analyser et décider d'un mode opératoire : on parle de charge mentale.

Approches du concept de charge mentale

On ne peut occulter les travaux[1] importants de Bronislan Kapitaniak sur la notion de charge mentale. Il s'appuie sur la notion de charge de travail, définie[2] comme « le retentissement sur l'organisme du poids porté par l'homme sur ses épaules — au sens propre et figuré — à l'occasion du travail... » Kapitaniak constate qu'il est difficile de mesurer le poids et les effets de la charge mentale. Pour lui « la notion de charge mentale implique donc la connaissance de la tâche mentale et des réactions que cette tâche entraîne dans l'organisme, donc de la contrainte et de l'astreinte mentale ». Au-delà des notions de

---

[1] B. Kapitaniak est l'auteur d'ouvrages sur la charge et la pénibilité du travail. Il est aussi le co-inventeur du « *procédé et dispositif informatisé d'évaluation de la charge mentale* » en 1990. (co-inventeurs : B. Franc ; M. Chastanet ; J-P. Bardon ; J-W. Kalsbeek)
Kapitaniak, B. (1993). « *Introduction à la notion de charge mentale* », Cahier de kinésithérapie, n° 163. Paris : Masson.
[2] Monod, H., & Lille, F. (1974). L'évaluation de la charge de travail, Paris, Armand Colin.

temps, de niveau d'occupation et d'effort portant sur le mental, Kapitaniak s'attache à montrer l'activité de l'homme essentiellement en référence au facteur psychophysiologique. Il a le mérite de discerner une division de l'activité mentale entre une « activité cognitive consistant à établir un contact avec le monde extérieur et en activité comportementale consistant à agir sur ce monde ». L'activité mentale de l'homme au volant consistera à analyser les indices les plus importants puis à entreprendre le comportement adapté. La charge mentale s'accumulera en fonction du volume des informations recueillies et des possibilités de traitement immédiat.

La complexité de la tâche de conduite automobile induit donc une charge mentale en termes de densité et de rapidité, dont le niveau varie selon les situations routières.

Fonctionnement des opérations mentales

Concept multidimensionnel, l'activité mentale conduit à catégoriser les situations routières afin d'ajuster les comportements de conduite. C'est au travers des représentations mentales, autrement dit, selon sa propre carte mentale, que l'automobiliste s'adapte au système de circulation.

A partir de la représentation[1] routière d'une situation de conduite liée à sa propre personnalité, l'automobiliste régule son activité au volant en mettant en œuvre différents mécanismes adaptatifs. Le conducteur sélectionne les informations en fonction d'une série de filtres déterminés sur la base de sa propre culture en sécurité routière. Pour

---

[1] La « représentation » est définie selon la dimension psychologique par l'image formée à la conscience par les sens et la mémoire.

certains automobilistes, l'espace routier sera synonyme de liberté et d'évasion, pour d'autres, au contraire, il provoquera un surcroît de stress. On sait que le conducteur use de stratégies différentes en fonction des situations de conduite qui lui sont familières ou non. En terrain de connaissance, l'automobiliste circule selon une posture quasi automatisée, c'est-à-dire qu'il maîtrise l'environnement. Dans ce contexte, il dispose de règles efficaces qui l'aident dans le traitement de l'information routière. C'est principalement dans les situations inhabituelles, c'est-à-dire lorsqu'il est confronté à une nouvelle difficulté ou qu'il circule sur un itinéraire inconnu, que le conducteur fait appel au fond de ses connaissances.

Construction de la carte mentale routière

Gustave Nicolas Fischer[1] définit la carte mentale selon la dimension psychologique. Il affirme : « Un espace n'est une réalité qu'en tant que réalité perçue et reconstruite mentalement. »

Ainsi, la carte mentale rend compte des représentations spatiales telles qu'on pense qu'elles sont en réalité. En un même lieu, la carte mentale sera différente suivant qu'il s'agit d'un musicien, d'un médecin, d'une femme ou d'un chauffeur de taxi, etc. Pour Fischer, la carte mentale (ou carte cognitive) construit notre représentation de l'environnement en « une série d'opérations mentales qui comportent deux étapes : la fabrication de la carte (ou encodage) et la lecture de la carte (ou décodage) ». L'encodage des informations routières est un élément dé-

---

[1] Fischer, G.N. (1992). *Psychologie sociale de l'environnement,* Toulouse : Privat.

terminant dans le traitement cognitif, dans la mesure où le conducteur ne peut sélectionner qu'un maximum de sept indices parmi les nombreuses informations qui proviennent de l'intérieur ou de l'extérieur du véhicule.

La construction de la carte mentale routière doit être considérée comme la pierre d'angle du système de circulation : un bon encodage de l'ensemble des dimensions relatives à l'éducation routière devrait construire une belle personnalité routière. Elaborée depuis la plus tendre enfance, la carte mentale routière doit permettre au conducteur de réagir avec efficacité devant toute difficulté rencontrée : manœuvre du véhicule, comportement des autres usagers, particularités de l'environnement. Cette carte mentale routière s'enrichit donc tout au long de la vie de tous les savoirs du citoyen conducteur. Elle permet non seulement de capitaliser et d'actualiser les expériences routières en les mettant immédiatement à la disposition du conducteur, mais aussi de rééduquer l'infractionniste, dans la mesure où elle constitue un référentiel d'actions pour la conduite. C'est précisément l'évaluation du fonctionnement humain et des stratégies de conduite qui permet d'observer les déficits de compétence au volant (dégradation physiologique, dysfonctionnement mental, oubli des règles du Code de la route, comportement antisocial, etc.).

Pour résumer, lorsque le conducteur se place derrière le volant (ou lorsqu'il évoque une situation routière), il active sa propre « carte mentale ou cognitive routière », où sont stockées toutes les informations relatives au déplacement automobile. Avec le temps, cette carte mentale s'enrichit d'expériences qui conduisent à la sagesse au volant, mais elle peut également se dégrader, entraînant, par exemple, un comportement dangereux. Ensuite, pendant la conduite, nombre de comportements-réflexes[1] (peu coûteux en énergie) et de résolutions de problèmes s'enchaînent en faisant appel à cette mémoire de l'activité routière. La garantie d'une bonne pratique au volant est en conséquence conditionnée par la construction d'une carte mentale routière performante. La carte mentale est donc un processus cognitif « qui transcende l'information spatiale qui nous est fournie, en la réorganisant par notre propre construction mentale ».

Existe-t-il un seuil de saturation mentale ?

Le conducteur, on l'a vu, ne retient que l'information qu'il juge pertinente : cela lui évite, dans une certaine mesure, une surcharge mentale. Par ailleurs, les conducteurs expérimentés et les conducteurs débutants ont des stratégies de prise d'information différentes : les premiers globalisent les situations routières, les seconds recueillent un nombre important d'indices dans l'environnement. Il est un fait que l'attitude des conducteurs non expérimentés peut, très rapidement, entraîner une surcharge mentale, c'est-à-dire que l'automobiliste laissera envahir sa mémoire de beaucoup trop d'indices. Le conducteur possédera tous les paramètres de la situation routière, mais il sera incapable de traiter le problème de circulation. Il ne peut s'appuyer sur un facteur déterminant qui déclencherait un processus cognitif approprié.

Prenons l'exemple d'un conducteur débutant qui circule en agglomération : très prudent, il surveille en permanence le compteur de vitesse, la place des autres usagers grâce

---

[1] Le comportement-réflexe est une action ou réaction quasi automatique du conducteur. C'est principalement dans l'apprentissage sur simulateur de conduite que l'on acquiert des comportements-réflexes.

aux rétroviseurs, sa place sur la chaussée lorsqu'il dépasse les véhicules en stationnement, sa distance avec les véhicules qui le précèdent, la couleur des feux de signalisation, le comportement des piétons sur les passages aménagés, etc. Dans cette ambiance, plutôt stressante, notre automobiliste peut-il bien réagir ? Autrement dit, peut-il laisser une place à l'analyse cognitive, rapide et performante, lorsqu'il est préoccupé par tant d'activités ? A l'inverse, un conducteur expérimenté va s'insérer dans le flot de la circulation, et ce, quel que soit le niveau de vitesse ; il ne se préoccupera pas des risques liés aux véhicules en stationnement ou aux personnes qui surgissent sur la voie, car il conservera pour cela une ligne de sécurité permanente correspondant à l'ouverture des portières ; il ne s'intéressera aux feux de signalisation que furtivement au niveau des signaux, ou lorsqu'il circule en tête d'une file de véhicules. Finalement, ce conducteur roule selon une économie de l'analyse cognitive. Il semble que, pour le conducteur expérimenté, le seul traitement cognitif en ville soit celui d'évitement d'obstacles pour conserver le « cap de son itinéraire ». Le conducteur ne surveille que les usagers qui présentent un risque pour sa progression sur la chaussée : le deux-roues, l'automobiliste qui cherche sa direction, l'activité autour d'un véhicule arrêté ou stationné…

Ces deux exemples démontrent combien il serait difficile de mesurer la performance mentale. On s'astreint seulement à observer une typologie de conducteurs dont l'un circule de façon « confortable et en sécurité relative » et dont l'autre est « complètement absorbé par la tâche de conduite ». On ne connaît pas encore le mécanisme de la performance mentale, si ce n'est au travers de la mesure de tests très spécifiques. Dans le cas de la conduite routière, des tests devraient pouvoir mesurer l'ensemble de la chaîne de traitement des informations : perception, analyse cognitive, réaction-décision. La performance de la perception est relativement aisée à déterminer par l'examen de l'acuité visuelle et auditive. La dimension réaction-décision ou comportement-réflexe se mesure également grâce aux tests-réflexes. Maintenant, la difficulté réside dans la mesure de l'analyse des informations.

Kapitaniak a développé des techniques comme « l'exercice de la double tâche » qui permettent une approche objective de l'analyse des informations. Il est le co-inventeur, en 1990, d'une machine pour évaluer la charge mentale. L'exercice de la double tâche consiste à imposer au sujet une tâche primaire, qu'il devra accomplir avant toute autre chose, et une tâche secondaire qu'il essaiera d'effectuer, dans la mesure du possible, en même temps que la tâche primaire[1]. Les premiers résultats montrent qu'il existe « plusieurs stratégies individuelles dans le traitement de la double tâche : (tout d'abord) l'abandon pur et simple de la tâche dérivative lorsqu'elle devient trop difficile à poursuivre (puis) l'abandon partiel de la tâche primaire (…) avec le maintien de la tâche secondaire et la stratégie variable qui s'efforce — sans succès — de concilier les deux tâches ». A l'évidence, cette expérience montre qu'il est difficile d'exécuter une double tâche et que cela se révèle généralement fort coûteux en termes de performance et d'accidentologie.

---

[1] La tâche primaire est la plus simple possible (reconnaissance de signaux sonores ou lumineux), afin de pouvoir ajouter d'autres tâches secondaires (sur clavier informatique : dessin, écriture, calcul, pointer sur l'écran).

Cet exercice présente cependant un intérêt pour la conduite automobile. La tâche primaire serait la conduite proprement dite. La tâche secondaire représenterait une action psychomotrice : un changement de vitesse, la mise en œuvre de la ventilation ou, tout simplement, le déplacement du bras pour activer quelque chose. La tâche secondaire consistant, dans l'expérience de Kapitaniak, à « écraser une mouche volante sur un écran » est très intéressante, dans la mesure où le regard doit obligatoirement suivre la main pour toucher la mouche. Cela simule, de la meilleure façon, les va-et-vient oculomoteurs du conducteur entre l'environnement routier et l'habitacle. Moyennant quelques adaptations, il semble donc qu'on possède les moyens techniques de mesurer la performance du conducteur routier.

L'activité mentale au volant peut donc être assez vite saturée et conduire à des erreurs ou dysfonctionnements dans l'exercice de la conduite automobile. On sait maintenant que le conducteur manifeste non seulement des stratégies comportementales différenciées, mais aussi des stratégies mentales diversifiées. On voit donc bien l'importance des représentations mentales dans l'élaboration de la carte mentale ou cognitive routière.

3. Permanence de l'erreur en conduite automobile

Il faut entendre la notion d'erreur comme une non-réussite de l'action souhaitée ou une action entreprise de façon involontaire. En matière de conduite automobile, l'erreur humaine peut expliquer l'accident, alors qu'en principe on circule sur le réseau sans l'intention de provoquer ou d'être victime de dommages matériels ou corporels. Si l'erreur humaine au volant est souvent invoquée, il faut s'interroger sur la façon dont elle survient. L'erreur, état finalisé d'un dysfonctionnement du système cognitif, est-elle la conséquence d'une surcharge mentale ? D'un problème dans le système de traitement de l'information ?

1. *Approches scientifiques*

La notion d'erreur se décline de différentes manières selon les chercheurs en termes de défaillance, de distorsion de l'information ou bien de motivation sociale. Pour Rodolphe Ghiglione[1] : « Bon nombre d'erreurs humaines, pour employer un terme à la mode dans le domaine de la fiabilité des systèmes, révèlent plutôt des défaillances des systèmes de formation ou d'information que des défaillances de contrôle cognitif. » L'auteur observe donc que l'erreur se manifeste au moment de la captation de l'information, c'est-à-dire qu'une information erronée entraînera naturellement une mauvaise décision et donc, par voie de conséquence, la réalisation d'une action inappropriée. Il ne semble pas envisager la perspective d'une « défaillance de contrôle cognitif. Pierre-Emmanuel Barjonet[2] situe l'erreur humaine dans un contexte beaucoup plus large de la dimension sociale. L'auteur se refuse à rester dans une vision étriquée et déterministe des erreurs de conduite que l'on conçoit comme facteur d'accident. Pour lui « l'évidence contenue dans ce déterminisme risque de cacher d'autres phénomènes. Par exemple, il est intéressant

---

[1] Ghiglione, R., Bonnet, C., & Richard, J-F. (1990). *Traité de psychologie cognitive 2*, Paris, Dunod.
[2] Barjonet, P-E. (1989). *Modèles sociaux d'usage du corps et prise de risque automobile*, Rapport n° 88, Arcueil : INRETS.

de savoir ce qui favorise l'erreur. En effet, certaines motivations sociales peuvent être à l'origine de celle-ci : pour remplir les obligations sociales, on fait un excès de vitesse ou un dépassement dangereux et nous savons combien l'alcoolisme au volant est lié à la vie sociale ». Cette vision de la naissance de l'erreur dans le champ social est pragmatique. Il est certain que le facteur social n'est pas totalement dénué d'intérêt, puisqu'il rappelle que la conduite routière est une activité sociale. Mais faut-il effectivement rechercher une causalité à ce niveau ? En tout cas, on s'accorde à dire que l'activité sociale perturbe l'automobiliste dans la réalisation de la tâche de conduite. Ce dernier, parfois très sollicité, en arrive à commettre des erreurs de stratégie ou d'exécution dans les manœuvres.

Cette première approche de l'erreur humaine dans la conduite automobile permet de dire qu'elle est plurielle, liée aux actions procédurales et qu'elle se réalise en marge d'un système de contrôle cognitif. Une étude américaine de Donald Norman nous permet d'aller plus loin.

2. *Formation des erreurs en conduite automobile*

Retenant le principe de l'action non intentionnelle pour définir l'erreur, Donald Norman[1] s'appuie sur la théorie de l'action pour classifier les erreurs. Dans ses grandes lignes, la théorie de l'action expose qu'une séquence d'action est représentée à la fois par un « schème[2]-parent » et par plusieurs « schèmes-enfant ». Dans chaque

---

[1] Norman, D.A. (1976). *Memory and Attention : An Introduction to Human Information Processing*, 262 p.
[2] Un « schème » est une unité de mémoire organisée bien avant des « connexions » de perception et de mémoire. Il est à noter que pour des raisons de visibilité et d'unité dans le texte on a formé le mot composé « schème-parent » ou « schème-enfant ».

séquence d'action, plusieurs schèmes peuvent être mis en œuvre à n'importe quel moment. Chaque schème comporte un ensemble de conditions de déclenchement, ainsi qu'une valeur propre de déclenchement. Ceux-ci déclenchent au moment opportun les opérations qu'on veut effectuer, c'est-à-dire qu'ils réalisent une série d'actions pour finaliser l'intention initiale.

La théorie de l'action permet ainsi à Norman d'interpréter les « erreurs d'action », un type d'erreurs qui peut s'appliquer à la conduite routière. Il dégage nombre d'erreurs dans l'activation des différents schèmes : « Il peut y avoir des erreurs dans la sélection de l'intention, ou des erreurs dans la spécification des composants. Même si les schèmes appropriés sont tous activés, il peut y avoir des erreurs de réalisation lorsque les schèmes sont déclenchés dans le désordre ». Il y ajoute deux types d'erreurs, très intéressantes pour la conduite automobile : les premières résultent de « l'intrusion d'activités non souhaitées par la pensée » et les secondes proviennent « d'une habitude familière, bien maîtrisée, prenant le contrôle de l'action ».

Norman conclut son étude, qui se fonde sur l'examen de près de 1000 incidents, sur les moyens de détecter les erreurs. Il précise que, bien souvent, la personne détecte son erreur « alors que l'action a commencé et avant qu'une avance dans le comportement erroné (divergent) ait été réalisée ».

Avec Norman on retiendra que les erreurs humaines sont liées à de multiples causes. Il est très difficile de les analyser dans la mesure où, parfois, selon l'auteur, « les pensées causent les actes (…) et parfois les pensées remplacent l'acte ». Plus globalement, on peut catégoriser les erreurs dans les domaines de la formation de l'intention, l'activation et le déclenchement d'actions.

Transposons maintenant cette notion d'erreur au système routier en prenant un exemple : Lorsque je conduis de l'université jusqu'à mon domicile, l'intention de rentrer chez moi active une foule de schèmes-enfant pertinents. Ces schèmes sont déclenchés à des moments appropriés, par rapport aux actions précédentes, à l'environnement ou aux perceptions. Je n'ai pas besoin de considérer les détails : j'ai seulement l'intention de rentrer chez moi. Je peux alors effectuer d'autres tâches : parler à un passager, écouter la radio et penser à autre chose qu'à la conduite. Tous les schèmes normaux pour éviter les obstacles, maintenir la vitesse, freiner correctement, et suivre le bon itinéraire ont été activés et se sont tous déclenchés lorsque les conditions appropriées se sont présentées. Supposons maintenant que je souhaite faire un détour par la maison de la presse au lieu de me rendre directement chez moi. Si la route que je prends est quasi identique à ma route habituelle, je dois nécessairement activer un nouveau schème à un moment précis. Si ce schème n'est pas suffisamment actif, il se peut que je manque le point de déviation de l'itinéraire ; dans ces conditions, je me retrouverais chez moi sans avoir acheté le dernier numéro de mon magazine préféré !

3. La formation sur simulateur pour vaincre l'erreur de conduite

Pierre Van Elslande et Lydie Anderson[1] ont eux aussi travaillé sur les erreurs humaines dans la conduite auto-

---

[1] Van Eslande, P., & Alberton, L. (1997). « Scénarios types de production de « l'erreur humaine » dans les accidents de la route : problématique et analyse qualitative », Rapport n° 218, Arcueil, INRETS, 1997.
INRETS : Institut National de Recherche les Transports et leur Sécurité. Appellation depuis 2010 IFSTTAR : Institut français des Sciences et Technologies des Transports, de l'Aménagement et des Réseaux.

mobile. Leur étude porte sur les dernières secondes qui précèdent un accident. Ils ont poussé les investigations jusqu'à trouver la cause de l'erreur commise par le conducteur. Ces chercheurs ont permis de franchir une étape importante dans la connaissance des circonstances humaines de l'accident de la circulation ; ils expliquent que « 80 à 90 % des accidents sont dus à l'erreur humaine ».

Ils étudient environ 400 situations accidentelles. Van Elslande et Anderson ont établi une soixantaine de scénarios à « mi-chemin entre l'étude détaillée d'accident, qui est difficilement généralisable, et les statistiques, qui omettent la dimension du temps, essentielle dans les accidents ». Leurs scénarios sont construits en quatre étapes chronologiques du pré-accident à l'accident. On constate que dans 40 % des accidents, le conducteur roule en ligne droite, n'effectue aucune manœuvre et se trouve non loin d'une intersection. Parmi les éléments qui peuvent expliquer l'accident, l'infraction intervient dans 13 % des cas et le véhicule seulement dans 1 % des scénarios. Van Elslande et Anderson ont classé les erreurs commises par les automobilistes en cinq domaines, qui reprennent la chaîne du traitement cognitif de l'information routière. On retrouve aussi l'erreur de prise d'information (34 %), l'erreur de diagnostic (23 %), l'erreur de pronostic (17 %), l'erreur de décision (10 %) et l'erreur dans l'exécution (6 %). Les auteurs y ajoutent « l'erreur globale » pour désigner, par exemple, la consommation d'alcool ou l'endormissement au volant (10 %) ; mais on ne la retiendra pas puisque nous considérons ici l'erreur comme exclusivement involontaire et relative au processus cognitif.

Si cette étude a le mérite de présenter de façon claire et surtout de quantifier une typologie d'erreurs, reconnaissons, au fond, qu'on n'a pas progressé[1] par rapport à l'étude savante de Norman. En fait, cette étude n'explique pas le processus cognitif à la source de l'erreur. On retiendra que 40 % des accidents sont dus à une erreur de diagnostic ou bien de pronostic.

Ce qui est remarquable c'est tout l'intérêt que portent Van Elslande et Anderson aux questions relatives à la formation. Fort du constat que « l'on n'apprend pas suffisamment à réagir à des situations problématiques ou à obéir à des règles informelles », les chercheurs préconisent de parfaire l'expérience du conducteur sur un simulateur de conduite, en s'aidant des scénarios qu'ils ont identifiés. Ils fondent ainsi la gestion du risque routier sur la valorisation de la mémoire des situations de conduite. On serait, en fait, dans une situation d'apprentissage sur simulateur (pré ou post-permis de conduire) comparable à celles des pilotes d'avion. Ce mode d'apprentissage devrait, théoriquement, réduire le nombre d'erreurs en conduite automobile. On progresse, sans doute, sur la voie de la « pédagogie du risque ». Il est vrai que l'acquisition de ces comportements-réflexes aidera à constituer ou reconstituer la mémoire des connaissances ou la « carte cognitive routière ». Pour Van Elslande et Anderson, la dimension cognitive est susceptible de rétablir une situation périlleuse : « Dans un système aussi variable que la route, c'est la capacité de l'homme à s'adapter, c'est sa souplesse qui permet au système de tourner ; l'homme peut rattraper des situations imprévisibles, pas une machine ».

---

[1] *L'erreur de prise d'information* chez Van Elslande et Anderson est *l'erreur de mode* chez Norman, etc.

Au-delà de la présentation liminaire sur le fonctionnement humain, effectuons un tour d'horizon de la littérature scientifique et philosophique sur ce qui différencie les hommes et les femmes dans leur comportement au volant, et également sur leurs représentations de l'objet-voiture. Le chapitre sur l'histoire de l'automobile a déjà donné quelques clés notamment sur l'ostracisme récurrent des hommes vis-à-vis des conductrices.

François Nourissier[1] s'identifie au conducteur et à toutes ses imperfections : « Au volant dans une ville, il arrive que je sente un diable s'emparer de moi. Je prends l'apparence d'un forcené, ni plus, ni moins, c'est-à-dire que je ressemble aux trois quarts des automobilistes français. L'injure aux lèvres, l'œil gris, j'invective contre toutes les lenteurs, maladresses, sournoiseries qui viennent s'interposer entre moi et mon idée fixe : aller vite. » En fait, Nourissier lutte contre les autres conducteurs, les difficultés de la voirie, et le Code de la route ! Il s'installe dans une posture animale : « Le conducteur est un chien de berger, il doit rester sans cesse en alerte, oreilles dressées, regard rapide[2]. » A la suite de cet aveu d'un comportement défaillant, il affirme que le temps a fait son œuvre sur sa personnalité avec une gestion différente du risque routier : « Je ne suis pas un fou du volant, j'en suis un sage » (…) Je deviens indécis, je double mou, je déboîte comme un chat tâte l'eau, je rétrograde une seconde trop tard, je freine d'un pied paresseux… ».

Il pose ensuite son regard sur les conductrices[3] : « Elles possèdent en abondance cette qualité magnifique : la

---

[1] Nourissier, F. (1990). *Autos Graphie*, Albin Michel, p. 38.
[2] Op.cit., p. 152.
[3] Op.cit., pp. 164-168.

modestie d'adapter leur conduite à leurs capacités. (...) Elles seraient plutôt craintives, vertu peu meurtrière. » S'interrogeant sur l'ostracisme qui pèse sur les femmes, il déclare : « S'il ne s'agit que d'une affaire de sexisme, l'analyser est inutile, la condamner suffit. Peut-être les hommes, par un réflexe de défense de l'espèce, refusent-ils encore l'intrusion des femmes dans un domaine qu'ils furent les premiers à explorer. Défense d'un monopole, illusion d'une supériorité : rien que de stupide. »

Pour Nourissier toutes les femmes sont meilleures conductrices que les hommes, « moins dangereuses, moins tueuses, moins suicidaires ».

Le sociologue Jean Baudrillard donne son point de vue sur la voiture, un objet social qui permet le déplacement : « La mobilité sans effort constitue une espèce de bonheur irréel, de suspens de l'existence et d'irresponsabilité » (...) « Nul objet, gadget ou appareil de la vie quotidienne, n'offre une sublimation, une transfiguration de ce genre. »

Parmi les importants travaux de Baudrillard, *Le Système des objets*[1], constitue son œuvre principale. Après une approche du rôle sexué de l'objet-voiture, il constate que : « La voiture reste en effet souvent l'apanage de l'homme. « Papa a SA Peugeot, Maman a SES Peugeot » dit une réclame. A l'homme la voiture, à la femme le batteur, le moulin à café, le robot électro-culinaire, etc. L'univers familial est celui des aliments et des appareils multifonctionnels. L'homme, lui, règne à l'extérieur, sur un monde dont le signe efficace est la voiture... »

Baudrillard décline ensuite son analyse psychologique sur la vitesse et l'érotisme : « Pensons à la valeur érotique

---

[1] Baudrillard, J. (1978). *Le système des objets*, Paris, Gallimard, 288 p. (La voiture, pp. 92-101).

de la voiture ou de la vitesse (…) elle favorise la relation par intercession d'une projection narcissique double dans le même objet phallique (la voiture) ou dans la même fonction phallique objectivée (la vitesse). L'érotisme de la voiture n'est donc pas celui d'une approche sexuelle active, mais celle, passive, d'une séduction narcissique dans le même objet. (…) A ce titre, il est faux de voir dans la voiture un objet-femme. Mais au fond, comme tout objet fonctionnel mécanique, la voiture est d'abord, — et par tous, hommes, femmes, enfants, vécue comme un phallus... »

En fait, pour Baudrillard ces notions de vitesse et d'érotisme, relèvent d'un double narcissisme qui ne peut en aucun cas assimiler la voiture à un objet-femme.

Historienne et militante féministe Françoise Blum[1] a toute sa place dans cet ouvrage dans la mesure où elle décrit avec précision les différences hommes-femmes en matière de conduite automobile, et de comportements au volant.

Reprenant le discours traditionnel sur les hommes au volant, elle brosse le versant psychologique-psychanalytique en s'appuyant sur les travaux de René Held : « L'érotisation de la vitesse... le déplacement sur le champignon d'un potentiel d'énergie nerveuse bloqué quant à ses canalisations normales, tout cela joue à plein dans les accidents d'auto[2]. » Elle ajoute que la personnalité de

---

[1] Blum, F. (2004). « Réflexions sur les usages sexués de l'automobile en France aux XIXe et XXe siècles. Femme au volant, figure de l'urbanité ? », Histoire urbaine, 2004/3, n° 11, pp. 55-79.
Ingénieure de recherche hors classe au CNRS, militante féministe elle est l'auteure de nombreux ouvrages et articles.
[2] Held, R. (1968). *De la psychanalyse à la médecine psychosomatique*, Paris, Payot, 381 p.

l'automobiliste peut changer[1] dans la mesure où les contraintes sociales s'estompent et l'agressivité naturelle peut se défouler : Cela expliquerait les excès de vitesse. Elle prend un exemple : « Dans le monde animal, chaque animal possède un territoire... L'homme au volant agit de la même manière : sa voiture et la place dont elle a besoin pour se déplacer constituent son territoire. Aussi le défend-il âprement ou essaie-t-il de violer le territoire des autres[2]. »

Blum s'appuie sur les chiffres de l'infractionnisme au volant pour situer le comportement sexué : « Les hommes du côté de la vitesse, les femmes du côté de la prudence et de la modération ou de celui de la plus grande conscience du risque. La sagesse populaire nous enseigne que les hommes sont plus du côté de l'audace, les femmes de la prudence. »

Maintenant il est admis que les qualités routières attribuées aux femmes se transfèrent progressivement au monde masculin. En effet, on assiste à « une valorisation de la modération, la prudence, le respect des normes, et à une minoration des qualités de conduite masculines, telles l'audace, la désinvolture à l'égard du Code de la route, la vitesse ».

Enfin, Blum constate que la voiture n'est plus un simple moyen de déplacement. Pour la femme, la voiture est devenue un espace d'autonomie, un espace pour soi, où les affects ont toute leur place. Bien que la voiture était l'apanage des très petits garçons, et qu'elle était pratique-

---

[1] Bailet, J-M. (2006). *Le volant rend-il fou ?* L'Archipel, 311.p.
On peut être un homme courtois et respectueux en société, et devenir grossier et agressif au volant.
[2] Fabre, F., Michael, H. (1973). *Stop ou l'automobile en question*, Paris, Mercure de France, pp. 70-71.

ment toujours absente des jouets des petites filles, les femmes ont développé une véritable culture automobile sans doute sous l'influence du père « La voiture est à ce titre un objet du père, un objet transitionnel, du passage de jeune fille à jeune femme. »

Selon le sociologue Yohann Demoli[1] : « Les femmes nées dès la fin des années 1970 commencent à avoir des taux d'obtention (du permis de conduire) qui se rapprochent des hommes : je crois que, tout comme les jeunes femmes ont été encouragées par leur mère à obtenir des diplômes qu'elles réussissent mieux que leurs congénères masculins, elles ont été fortement incitées à prendre le volant. Les générations de femmes qui ont connu une diffusion de la voiture encore incomplète, ont particulièrement valorisé l'accès au volant de leurs filles. C'est la phase de la motorisation de masse des femmes. »

Si chacun sait que la voiture est un objet et un marqueur social, il ressort, selon Démoli que les femmes sont souvent écartées des technologies les plus avancées : « Dans un avion de ligne, les hommes sont aux commandes des tableaux de bord, tandis que les femmes sont dévouées au soin des passagers ; dans les mondes masculins qui se sont ouverts aux femmes, les outils les plus sophistiqués sont rarement aux mains des femmes. »

Bref, au-delà de ces considérations, qui se lissent avec le temps, ce qui est remarquable et singulier c'est que les femmes sont particulièrement attentives aux impératifs du développement durable. En effet, elles conduisent des véhicules généralement plus petits, moins dangereux et

---

[1] Demoli, Y. (2013). « Automobile, Comportement des femmes, Culture féminine, Différences hommes et femmes », journal L'Automobile du 4 juillet.

moins polluants : « Les femmes semblent donc adopter un usage de la voiture plus « citoyen » que celui des hommes... ce qui semblerait justifier des logiques de publicités spécifiquement tournées vers les femmes. »

Pour finir, au sein des couples, les femmes prennent désormais une part prépondérante dans l'acquisition d'une voiture. En effet, leurs revenus les laissent plus autonomes dans le choix d'un véhicule, et bien souvent elles finalisent l'achat quant aux éléments de sécurité et de confort. Néanmoins, pour l'avenir, la communication commerciale doit changer : « Les publicités des constructeurs restent terriblement genrées. (...) Il faut que, dans les publicités, les hommes cessent d'être au volant et les femmes passagères. Et, lorsque les femmes sont au volant, il faut cesser d'adjoindre des enfants en tant que passagers. Une femme peut conduire seule ! Les hommes ne sont pas les seuls à chercher une belle et puissante voiture, de même que les femmes ne recherchent pas seulement le confort et l'utilitaire. »

Dans leur important et récent rapport[1] sur l'égalité des chances entre les hommes et les femmes sur les femmes et l'automobile, les sénatrices Chantal Jouano et Christiane Hummel ont décrit de façon exhaustive, avec précision et clarté, le monde de l'automobile comme un atout pour la mobilité, l'autonomie, et pour la mixité professionnelle. Elles proposent cinq recommandations pour en finir avec

---

[1] Jouanno, C., et Hummel, C. (2016). « Rapport d'information n° 835, session extraordinaire de 2015 -2016 », 20 septembre 2016, 231 p.
Fait au nom de la délégation aux droits des femmes et à l'égalité des chances entre les hommes et les femmes sur les femmes et l'automobile : un enjeu de lutte contre la précarité, d'orientation professionnelle et de déconstruction des stéréotypes.

les stéréotypes contre les femmes au volant notamment sur l'aménagement des véhicules et la formation initiale.

Elles démontrent, au travers de robustes statistiques, que la conduite des femmes est plus respectueuse du Code de la route. S'appuyant sur les travaux[1] de Marie-Axelle Granié : « Les études (…) démontrent très clairement que les hommes sont plus susceptibles de prendre davantage de risques que les femmes (…) La prise de risque au volant est un stéréotype masculin, c'est-à-dire un comportement typiquement attendu des hommes. La masculinité entraîne la prise de risque (…) dans les comportements présentant un danger d'accident dès l'enfance, dans la conduite, mais aussi dans les comportements des piétons. La féminité, dans sa dimension de prise en charge d'autrui, entraîne plus de recherche de soutien social lors de la traversée de rue, moins de violation des règles en tant que conducteur, un certain rejet de l'infraction et une représentation plus morale des règles routières. Les femmes respectent la règle routière parce que, ce faisant, elles protègent autrui de leur propre comportement. »

C'est principalement au cours du XXème siècle avec l'obtention du permis de conduire et la possession d'une voiture que les femmes ont conquis leur autonomie dans leur déplacement privé et professionnel. Ce sont d'abord les femmes les plus diplômées qui ont eu accès de façon massive au permis de conduire. Ensuite, durant la Grande Guerre elles ont été sollicitées pour être mécaniciennes, conductrices d'ambulances, de tracteurs, d'autobus et de taxis.

---

[1] M-A Granié, directrice de recherche à l'IFSTTAR, au cours de la table ronde du 26 mai 2016 sur l'accidentalité routière et les différences de comportements entre les hommes et les femmes au volant.

Il apparaît également que la possession d'une voiture par un ménage ne signifie pas un partage égal de la conduite : « En effet, les trajets des femmes sont plus courts, plus segmentés et plus fréquents, et le travail domestique y joue un rôle prépondérant. Dès lors la voiture, plutôt qu'un véhicule d'émancipation, a au contraire pour conséquence d'étendre l'espace domestique. »

Les sénatrices écartent vigoureusement tous les clichés qui persistent sur l'incompétence des femmes au volant. En fait, nombre de pseudo-arguments provenant de tous côtés convergent pour tenter de démontrer l'inaptitude de la femme à la maîtrise de la mécanique automobile. Il est socialement plus utile qu'elle continue inlassablement à réguler l'espace familial. Il ne faut surtout pas lui donner l'idée de l'automobile, une idée synonyme d'autonomie, et surtout d'émancipation. L'homme doit, à tout prix, conserver cette prérogative de domination avec l'objet voiture. Le déplacement dans les grands espaces ne pourra donc s'effectuer qu'avec un homme ou chef de fratrie comme conducteur pilote d'une machine complexe et dangereuse.

Dès le XIXème siècle on note des arguments à la fois moraux et médicaux pour décourager la pratique du vélo pour les femmes : « Tantôt, la bicyclette est taxée de risques de stérilité, tantôt de risques de lubricité, montrant combien la place naturelle de la femme serait celle de la sphère domestique, dont l'éloignement brouille alors les rôles sociaux traditionnels[1]. »

---

[1]Demoli, Y. (2013). « Automobile, Comportement des femmes, Culture féminine, Différences hommes et femmes », journal L'Automobile du 4 juillet 2013.

Quant à Marie-Axelle Granié[1], elle réfute le cliché tenace de la mauvaise conductrice en affirmant qu'historiquement : « l'explication, à mon avis, est que ce stéréotype et cette image négative de la femme au volant visaient à maintenir les femmes au foyer, alors que l'automobile aurait pu être un moyen de favoriser la liberté et l'autonomie des femmes. Poser d'emblée les femmes comme incapables de conduire permettait de les garder au foyer et de maintenir la domination des hommes sur l'espace extérieur. »

Par ailleurs, les observateurs de l'époque se plaisaient à stigmatiser « la femme avec la contradiction entre la coquetterie des femmes et le caractère salissant de l'automobile, comme pour marquer une frontière infranchissable entre ces deux univers » (…) « Qui peindra la tête de nos jolies chauffeuses, après une si longue route. La tête bandée de caoutchouc, les yeux vitrés et sous les indispensables voilettes, bouchées de poussière détrempée par la buée, un visage terni, couleur de terre, où la sueur dégouline en fines rigoles roses. »

Ajoutons la polémique récurrente sur le genre masculin ou féminin de l'automobile. Il a fallu attendre 1920, sur prescription de l'Académie française, pour que le mot « automobile » soit féminin : « Les femmes ont donc été placées dès l'origine dans un rapport de passivité, voire d'infériorité à l'égard de l'automobile. »

Pour finir, les sénatrices évoquent le sempiternel cliché de la femme-objet dans la publicité : une femme passive jouant le rôle de faire-valoir de l'automobile avec les connotations érotiques qui révèlent tous les fantasmes masculins.

---

[1] M-A Granié, directrice de recherche à l'IFSTTAR, op.cit.

En conclusion, la voiture est devenue un moyen de déplacement incontournable dans notre société : Elle permet de remplir ses rôles sociaux (travail, faire des achats, loisirs). Il est commun de constater que les familles disposent de plusieurs véhicules. Le type de voiture est différencié en fonction du statut de chacun au sein de la famille : Berline spacieuse et confortable pour l'homme, véhicule généralement neuf, plus petit, mais en « full option » pour la femme (circulation citadine plus facile), et les enfants utilisent une première voiture de seconde main pour commencer à acquérir de l'expérience automobile.

La voiture est synonyme d'indépendance, d'intimité (notamment avec l'effet tuning chez les jeunes), et de liberté pour se mouvoir dans l'espace social. Elle représente aussi le signe de la réussite sociale avec les sportives et les grosses cylindrées. Si chacun sait que la femme n'a jamais placé son narcissisme dans l'objet-voiture, on sait aussi que l'homme, lui, s'adonne parfois à des déviances avec des prises de risques importantes au volant. Pour les plus jeunes, c'est un exutoire pour s'extraire des contraintes familiales ou professionnelles, ou bien pour exister socialement. Pour les adultes la voiture fait naître une forme d'hédonisme principalement avec la vitesse. La psychologie explique en partie que la symbolique de la voiture, par sa forme et sa couleur, est l'expression d'un univers phallique en ce qui concerne la virilité et le pouvoir. Derrière leur volant, les hommes se sentent invincibles. A l'inverse, la femme est plus respectueuse d'elle-même[1], des autres

---

[1] Le respect de la femme pour son corps se caractérise par une volonté de ne pas être confrontée à l'accident qui peut blesser gravement : pour elle le visage, les mains, et les jambes ne doivent pas souffrir d'une quelconque blessure.

conducteurs, et du Code de la route. Pour elle la voiture est un moyen de déplacement utile et pratique, qui doit être confortable et sécuritaire[1].

Terminons avec Aurélie Buhagiar[2] qui avance que : « Ce sont désormais les femmes qui font bouger l'automobile et imposent leurs goûts. Aujourd'hui, les hommes achètent une voiture comme un lave-linge, il faut leur parler d'intervalles de révision, de consommation, de valeur à la revente, ils sont stressés, ils hésitent, ils ont peur de se tromper, coupent les cheveux en quatre. Les femmes, elles, savent se faire plaisir, marcher au coup de cœur, revenir d'un essai en disant : Super, j'achète ! »

Le comportement en voiture est donc bien sexué : Dans sa pratique l'homme a tendance à surestimer ses capacités de conduite, et il prend des risques parfois inconsidérés qui peuvent conduire à l'accident ; la femme, elle, reste beaucoup plus prudente et exemplaire dans la gestion du risque routier.

---

[1] A titre d'exemple, les femmes choisissent le véhicule 4X4 essentiellement pour des raisons de sécurité. Le 4X4 est généralement plus haut que les autres véhicules, et il permet à la femme de dominer la route et surtout d'observer le comportement des autres usagers. Par ailleurs, la robustesse de la carrosserie et du châssis les rassure en cas de collision. Elles pensent, si elles sont bien ceinturées, ne courir aucun grand danger en cas d'accident.
[2] Buhagiar, A. (2012). CBE du NET (Comité du Bassin d'Emploi du NET), 5 décembre 2012.

PARTIE 3

Bilan infractionnel et accidentel selon le sexe

1. Quand les conducteurs interprètent le Code de la route !

Les déplacements motorisés occupent une place très importante en France, où 34 millions de véhicules parcourent 600 milliards de kilomètres par an sur un réseau routier d'environ 1 million de kilomètres ! Compte tenu de l'étendue de cet espace social réservé à la mobilité, l'Etat peut difficilement contrôler l'entière application de la réglementation routière sur l'ensemble du réseau. L'Etat manifeste pourtant la volonté de combattre l'insécurité routière, et plus encore lorsqu'il y a un investissement personnel du président de la République[1]. Mais depuis 10 ans, les différents gouvernements n'ont pas atteint leurs objectifs[2]...

La sécurité routière a-t-elle encore le statut d'intérêt national ?

---

[1] Sous la présidence de Jacques Chirac on constate — moins 50 % — des tués de la route. La déclaration solennelle du 14 juillet 2002 avec l'annonce que la sécurité routière serait un chantier national a produit tous ses effets.
[2] Statistique de la mortalité routière en 2007 (4620 tués) ; 2017 (3693). Objectif annoncé pour 2020 (2000).

Pour vaincre cette résistance à la baisse de l'accidentalité et de la mortalité routières, il faudrait une transformation significative du système d'éducation au Code de la route, ainsi que la réglementation sur le permis de conduire à points, puis de nouvelles modalités de traitement de la chaîne contrôle-sanction. Il faut amener les conducteurs à changer d'attitude, à prendre conscience que le réseau ne laisse plus de place à la fantaisie, à la permissivité, à l'interprétation de la réglementation et qu'il est effectivement surveillé et contrôlé. Il revient donc à la « police de la route »[1] de se constituer en une véritable force spécialisée. Pour gagner en efficacité, les forces de l'ordre doivent être capables de se rendre rapidement[2] sur les itinéraires à risque pour réprimer si nécessaire, et surtout, par leur présence, prévenir tout accident.

La création d'un organisme interministériel national,[3] dirigé par un préfet à la sécurité routière, est proposée. Il serait chargé de coordonner la lutte contre l'insécurité routière à l'échelle du pays en fixant les missions aux policiers et gendarmes impliqués dans la police de la route.

---

[1] Une police de la route avec des policiers et des gendarmes spécialisés en sécurité routière ; sous une direction unique de niveau national, et avec des prérogatives d'emploi sur l'ensemble du territoire.

[2] Les moyens techniques en place depuis plus de 40 années permettent de surveiller le trafic routier et le comportement des automobilistes. Ils transmettent en temps quasiment réel la vitesse, la distance de sécurité entre les véhicules et le type de véhicule, à un point du terrain ou sur un itinéraire (station SIREDO).

[3] La télématique permet maintenant de créer un organisme interministériel national. L'auteur pense que la nouvelle politique de sécurité routière devrait prendre appui sur le modèle des CRICR récemment dissous : l'auteur a été Codirecteur du CRICR NORD, couvrant les régions Nord/Pas-de-Calais, Picardie et Haute-Normandie (7 départements) puis, du CRICR EST couvrant les 18 départements des 5 régions économiques de l'Est.

Actuellement, les pouvoirs publics influent surtout sur la mise en œuvre d'une réglementation mieux adaptée, contrôlent ponctuellement l'utilisation du réseau par les automobilistes et veillent à la fluidité du trafic. En revanche, pour l'instant, ils ne peuvent surveiller l'action de chaque conducteur. Les contrôles des forces de sécurité sont en fait très rares (les brigades de gendarmerie présentent sur 95 % du territoire, consacrent au plus 20 % de leur activité à la sécurité routière). Le système de circulation est donc « abandonné » à la responsabilisation individuelle. Autrement dit, le conducteur est tout à fait libre de maximaliser les performances de son véhicule et d'adapter son comportement routier selon son propre jugement. Cette liberté se traduit généralement par une propension à commettre des infractions routières.

Comme tout milieu social, l'espace routier produit des comportements spécifiques qu'il est intéressant d'observer dans le champ du risque et de la déviance sur la route. Les conducteurs sont-ils des sujets psychologiques ou des acteurs sociaux ? Pierre-Emmanuel Barjonet[1] apporte une réponse : « Si l'on admet que la société est divisée en classes sociales qui s'opposent (pouvoirs, styles de vie...), alors on peut accepter que les choses se différencient aussi en matière de conduite routière et de sécurité routière. » (…) « La vie quotidienne est remplie de conflits relatifs au pouvoir, à l'autorité, au prestige. Il n'y a pas de raison particulière pour que les rapports sociaux routiers échappent à ces caractéristiques. » Cet expert en psychosociologie des transports montre que les sciences sociales se trouvent à la croisée des chemins entre

---

[1] Barjonet, P.E. (1989). « Modèles sociaux d'usage du corps et prise de risque automobile », rapport n° 88, Arcueil : INRETS.

l'universel et l'exceptionnel : l'universel, car elles s'attachent à décrire le conducteur comme sujet psychologique « support d'une variable ou d'une fonction (motricité, perception, activités cognitives) », et l'exceptionnel, dans la recherche à caractère clinique, où « chaque conducteur est différencié selon son histoire ou bien son expérience sociale ». La typologie des conducteurs est donc caractérisée selon différentes variables intrinsèquement liées à l'individu et à son statut social.

On doit donc accepter que l'exercice de la conduite automobile fasse partie intégrante d'un processus historique lié à l'état global de la société. Le conducteur emporte sur le réseau routier son idéologie et ses pratiques sociales individuelles et collectives, toute son histoire de vie. Cela confirme ce que déclarait, en 1964, le psychologue américain Anatole Rapoport :

« Je suis tout à fait convaincu que notre climat culturel, nos aspirations et nos rythmes sont parfaitement reflétés dans nos attitudes vis-à-vis de l'automobile et que ceci contribue nécessairement à la constitution d'un taux constant d'accidents. »

Le conducteur d'un véhicule est donc l'acteur d'un système fort complexe qui engendre des interactions permanentes avec un environnement qui ne cesse de se modifier. Le véhicule n'est pas seulement un objet mécanique, il est aussi représentatif de valeurs affectives, fonctionnelles, symboliques et financières pour celui qui conduit. Source de danger et facteur de risque, cet objet technique est chargé de subjectivité et devient le support projectif de représentations diverses. Quant à l'automobiliste, on sait qu'il doit impérativement posséder des caractéristiques physiques et psychologiques pour pouvoir conduire en toute sécurité. Et c'est précisément dans cet environnement physique que l'automobiliste doit exprimer toutes ses compétences au volant : Il doit affronter les conditions météorologiques, les pièges de l'infrastructure, respecter l'ensemble de la réglementation routière, supporter la densité du trafic. Il lui faut tenir le plus grand compte de la présence des autres usagers, ne pas se laisser distraire par les passagers du véhicule et aussi se garder de pulsions dangereuses comme la vitesse ou la prise de risques.

Composante du statut social, la voiture reflète nos appartenances au sein de l'espace de circulation. Dans tout milieu, l'homme est amené à interagir avec autrui, c'est-à-dire à échanger, en indiquant par exemple ses intentions au cours du déplacement de conduite. Parfois, il y a incompréhension, erreur, provocation ou non-observation des règles du Code de la route et cela débouche sur des conflits plus ou moins violents.

L'espace de la route, dans les conditions habituelles de circulation, permet à tous les acteurs du réseau de se situer socialement, soit dans une position de soumission aux règles du Code de la route et aux autres usagers, soit dans une optique de négociation permanente en fonction des opportunités de circulation, ou encore soit en affirmant sa suprématie avec une conduite dangereuse qui méprise la réglementation. On peut ajouter avec Edouard Zarifian[1] que la conduite est souvent révélatrice de soi-même et qu'elle a le pouvoir de transformer une personnalité humaine : « Si les règles du savoir-vivre en société inhibent souvent ou canalisent la nature profonde d'un individu,

---

[1] Professeur de psychiatrie et de psychologie médicale à l'université de Caen. Zarifian, E. (1988). *Des paradis plein la tête*, Odile Jacob, 214 p.

elles disparaissent aussitôt que ce même individu se met au volant. Il peut donc donner libre cours à sa vraie nature et devenir grossier et agressif. »

La route apparaît donc comme un lieu de transgression, un espace de non-droit. Les règles de comportement sont neutralisées pour laisser place à la violence routière qui n'a pour seule limite que la destruction du véhicule ou la mort. La conduite à risque, la mise en danger d'autrui peuvent caractériser le citoyen-conducteur qui n'a pas conscience des conséquences de ses pratiques déviantes. Comme l'indique Jean-Jacques Delfour[1], « la contradiction entre l'idéologie (notion de liberté) et la réalité de la vie sociale (permanence de la prise de risque) doit bien trouver un espace de compensation : la route par ses mécanismes anthropologiques propres, joue admirablement cette fonction ». Le philosophe précise que ce sont surtout sur les classes laborieuses que pèsent les contraintes les plus fortes et donc, par voie de conséquence, cela les contraint au « déni de violence et de danger, et donc à chercher un espace d'existence et d'expression ». Delfour estime que la délinquance routière est une soupape sociale qui permet à la société de vivre paisiblement en ménageant à chacun un lieu où les transgressions sont possibles. Dans son analyse, il définit le réseau routier comme un « contre-espace où toutes les règles de sociabilité sont inversées ».

Le comportement à risque au volant, autrement dit, la conduite délictueuse, caractérisée par des infractions routières et la mise en danger de la vie d'autrui, relève donc d'une jouissance de transgresser les règles sociales et d'un

---

[1] Delfour, J-J. (2001). « La délinquance routière, soupape sociale », Libération, 16 juillet 2001.

plaisir à éprouver son corps dans des situations parfois périlleuses.

Le réseau routier est donc un espace social qui nécessite des enseignements et des apprentissages spécifiques dans le domaine de la sécurité individuelle et collective. Ses utilisateurs doivent recevoir une formation qui va dans le sens d'une nécessaire cohabitation sociale avec la personnalité de l'autre automobiliste, qui ne doit pas être considéré comme un adversaire ou un obstacle à dépasser, mais comme celui avec lequel on partage un espace et avec lequel il faut négocier pour éviter l'accident.

2. L'infraction routière est-elle prédictive du risque d'accident ?

La littérature traitant du rôle de l'infraction dans l'étiologie de l'accident est abondante tant chez les chercheurs américains, que chez les experts français des laboratoires de sécurité et de psychologie des transports[1]. L'objectif majeur de la recherche en sécurité routière a souvent été de dégager une typologie de conducteurs dont le risque d'accident est supérieur à la moyenne. Ainsi, il serait plus facile d'engager des actions préventives afin de sensibiliser les automobilistes aux risques qu'ils courent en fonction de leur aptitude physique, de leurs facultés psychologiques, de leur statut social, etc.

---

[1] IFSTTAR : Institut Français des Sciences et des Technologies des Transports, de l'Aménagement et des Réseaux.
CEREMA : Centre d'Expertise pour les Risques, l'Environnement, la Mobilité et l'Aménagement.

Par exemple, selon Raymond Veulliez[1], le nombre de fautes ou d'infractions est supérieur après quatre années de conduite. Les débutants sont donc globalement plus vigilants et respectueux des prescriptions légales, tandis que les plus expérimentés commettent de manière plus ou moins intentionnelle des infractions. Cette attitude négative vis-à-vis de la réglementation routière peut éventuellement s'expliquer[2] par la routine des lieux, l'économie des gestes au poste de conduite et l'interprétation de la signalisation en fonction de la praticabilité du réseau routier.

Comme l'indique Jean Reason[3] : « La route est un excellent laboratoire de conduites aberrantes. » Il ajoute dans un écrit postérieur que « la maîtrise subjective de la conduite est d'autant plus élevée qu'erreurs et infractions, relativement communes y compris chez les expérimentés, sont rarement sanctionnées à l'échelle de chaque individu ». L'infraction est donc une composante du système de circulation. Mais quelles sont les dernières études sur la relation entre infraction-accident ?

On sait que le jeu sur la route est souvent lié à l'ivresse de la vitesse, au franchissement de distances dans des temps record ou au pari, et qu'il se fonde généralement sur une non-observation de la réglementation. Le sociologue Henri Jeudy positive l'action du contrevenant en affirmant que « l'infraction n'est pas seulement une source de jouissance, elle s'affiche comme un choix judicieux dans

---

[1] Veulliez, R. (1983). *Précis de psychologie du trafic routier et de pédagogie à l'école de conduite*. Editions Loisirs et Pédagogie.
[2] A titre d'exemple citons « le dépassement de la vitesse autorisée, l'accélération au feu orange ou le — coulage — du signal STOP » pour les infractions les plus verbalisées par les forces de l'ordre.
[3] Reason, J. (1990). *L'erreur humaine*. Paris : Presses Universitaires de France.

l'univers agnostique de la route ». La quasi-permanence de la transgression est donc une réalité que l'on observe au travers de types de comportements routiers. Cette analyse de l'infraction constitue une des clés dans la compréhension des dysfonctionnements du système routier : elle permettra ultérieurement de mieux rééduquer le conducteur en utilisant une pédagogie adaptée.

En 1939, une première modélisation du risque accidentel individuel a abouti au « concept de prédisposition à l'accident » fondé sur la nature psychologique de certains individus. Dans les années 60, des études américaines ont tenté de démontrer la « prédictibilité des accidents » en utilisant le critère des infractions routières. Sur un vaste échantillon, on a testé l'influence de multiples variables accidentogènes, comme les données biographiques, psychologiques, médicales, socio-économiques et culturelles. Cette étude a montré « qu'il existe bien un lien entre la tendance à commettre des infractions et la probabilité d'implication dans des accidents ». Cependant, en référence aux modélisations statistiques, et au regard de la masse considérable des infractions commises, il n'est accordé « qu'un faible pouvoir prédictif au niveau individuel ». C'est ainsi que se dégage la notion de disposition transitoire à l'accident : certains individus deviennent plus enclins à la répétition d'accidents au cours de périodes particulières.

En France il faut attendre les années 80 pour que les chercheurs de l'INRETS[1] définissent une première typologie de comportements transgressifs et, par voie de conséquence, de facteurs accidentogènes. Ces études ont

---

[1] INRETS : Institut National de REcherche sur les Transports et leur Sécurité (dissous en 2011 et intégré au sein de l'IFSTTAR op.cit.).

porté sur la mise en évidence de l'existence de groupes de conducteurs différenciés dans les infractions et les accidents, selon des variables socio-économiques et culturelles. On constate que la prise de risque est issue d'habitudes et de comportements acquis dans le système de circulation.

Les chercheuses Marie-Berthe Biecheler et Michèle Moget[1] ont élaboré une classification en déterminant « un comportement de base du conducteur » qui tient compte des différentes situations de conduite dans le contexte habituel de circulation. Avec la dimension de conformité ou non aux prescriptions du Code de la route, elles constatent que les comportements de base se répartissent en six classes homogènes. Parmi ces profils d'infractionnistes, elles distinguent :
- les « usagers à tendance légaliste » (38 %) ;
- ceux qui ont plutôt « une tendance infractionniste partielle » (38 %) : la vitesse à (22 %), la ceinture à (16 %) ;
- et « les multi-infractionnistes » (24 %), parmi lesquels on enregistre 10 % des infractions dues à l'alcool.

Biecheler et Moget complètent leurs résultats en indiquant que la vitesse sur route ou en agglomération est prédictive d'autres infractions, tandis que le refus de priorité, la vitesse de nuit et le dépassement du taux d'alcool sont prédicteurs des accidents. Selon Biecheler l'infraction routière ou son intention est donc un indice reconnu comme prédictif d'accident, car « dans le système de la circulation l'infraction s'avère constituer une variable clef fondamentale ».

---

[1] Biecheler-Fretel, M.B., & Moget-Monseur, M. (1985). « Le comportement de base du conducteur », cahiers d'études ONSER, n° 64.

Chaque année, les accidents de la route entraînent 1,25 million de personnes tuées dans le monde, soit 3 500 tués chaque jour, dont 500 enfants ; et jusqu'à 50 millions de personnes sont blessées. Ils constituent la neuvième cause de mortalité, tous âges confondus, et la première pour les jeunes de 15 à 29 ans. Près de la moitié des personnes mortes sur les routes sont des usagers vulnérables.

En 2010, l'Assemblée générale des Nations Unies a proclamé la décennie 2011-2020 « Décennie d'action pour la Sécurité Routière » avec l'objectif mondial de 50 % de réduction du nombre de tués sur les routes.

Bilan des infractions routières en 2016[1]

Le volume de l'ensemble des infractions s'élève à 27 millions de délits et contraventions relevées par les forces de l'ordre et par le contrôle automatisé : Ce sont pour 86 % des contraventions liées à la vitesse ou au stationnement ; les radars[2] enregistrent 16 millions de contraventions soit 59 % de l'ensemble des contraventions.

Environ 600 000 délits routiers ont été constatés, dont 133 000 pour l'infraction due à l'alcool, 168 000 pour le délit de fuite après un accident, 112 000 pour le défaut de permis de conduire, 83 000 défauts d'assurance, et 44 000 liés à l'usage de stupéfiants.

Notons que toutes les inconduites routières ne donnent pas lieu au retrait de points du permis de conduite, on peut cependant mesurer partiellement l'impact du niveau des

---

[1] Observatoire National Interministériel de la Sécurité routière, La sécurité routière en France, Bilan de l'accidentalité de l'année 2016, pp. 88-111. Pour plus de clarté, l'auteur a arrondi, parfois, les chiffres de la statistique afin de ne garder en mémoire qu'un chiffre global.
[2] Nombre de radars du contrôle automatique (CA) vitesse : 2 529 radars fixes et 884 mobiles, et du CA feux rouges 786.

infractions avec le dispositif du permis à points : 13 millions de points retirés à près de 8,6 millions d'automobilistes (excès de vitesse 8,6 millions ; règles de priorité 1,9 million ; téléphone 900 000 ; alcool 840 000 ; et ceinture de sécurité 300 000).

L'analyse plus précise du comportement débouche sur deux dimensions qui reflètent la personnalité au volant :
- On constate que certains infractionnistes ont un comportement antisocial, dans la mesure où ils méprisent les règles de la vie en collectivité. Ils font courir des risques aux autres usagers de la route en consommant de l'alcool[1] ou en pratiquant une vitesse[2] élevée, ils aggravent les charges qui pèsent sur la collectivité en roulant sans assurance, sans permis de conduire (36 600 cas, dont 91 % des hommes), ils refusent de mettre les équipements[3] individuels de sécurité.
- On observe également que les infractionnistes font preuve d'un manque de civisme : ils ne respectent pas l'autorité de la police de la circulation (refus d'obtempérer), ils conduisent malgré une suspension du permis, et surtout ils s'enfuient en ne portant pas secours aux personnes à l'issue d'un accident.

Ce champ social de la conduite automobile est donc en tous points identique aux autres terrains sociaux. Il semble

---

[1] Dépistages 2016 de l'alcool au volant 10 millions de tests, et pour les stupéfiants 223 000.
En 2016 la conduite en état alcoolisé (CEA) représente 114 800 délits (hommes 89 %, et femmes 11 %).
[2] Les vitesses sont rarement respectées. Dans la pratique, on constate que les conducteurs de voiture de tourisme ne respectent pas la vitesse sur autoroute (28 %), sur une voie limitée à 110 km/h (30 %), et la traversée d'agglomération par route nationale (44 %).
[3] 354 conducteurs tués pour non-port de la ceinture de sécurité.

que le réseau routier soit davantage concerné par la production d'infractions, car l'automobiliste est moins surveillé et relativement anonyme dans sa coquille métallique.

Le critère de l'infraction permet donc de juger du comportement de chaque automobiliste lorsqu'il se déplace dans un environnement plutôt favorable à la prise de risque ou permissif en absence des forces de l'ordre. L'infraction exprime bien un type comportemental et elle est toujours identifiée comme une des causes accidentelles. Elle est aussi étroitement liée à l'éducation civique et morale reçue et elle repose sur les caractéristiques psychosociales du conducteur. L'infraction peut devenir le domaine de prédilection des poly-infractionnistes qui, bien souvent, méprisent la réglementation routière ou exercent, à leur manière, un jeu dans l'espace social. Elle entraîne aussi en cas de danger ou de surestimation de ses capacités de conduite, nombre d'émotions physiologiques (sueur, tremblements) et psychologiques (peur, joie, estime de soi).

3. L'accident symbole des dysfonctionnements routiers

> « L'homme n'est rien en lui-même. Il n'est qu'une chance infinie, mais il est le responsable infini de cette chance[1]. »
>
> Albert Camus

Tous les accidents sont généralement le constat de la faillite d'un système. Ils sont souvent provoqués par des facteurs cumulés longtemps avant l'événement. Il est évi-

---

[1] Avant de trouver la mort dans un accident de la route, Albert Camus (1913 – 1960), prix Nobel de littérature.

demment trop aisé de déclarer la responsabilité ou l'incompétence humaine. Cependant, on doit garder à l'esprit que l'homme est inscrit dans un système dont la vocation première est de le protéger, notamment contre le risque de mort. C'est pourquoi on préfère critiquer le système, le changer éventuellement, pour qu'il devienne plus sûr. Pour gagner en sécurité, il ne faut pas laisser place à l'initiative ou à l'interprétation de la réglementation. Concernant l'espace social de la route, le système de circulation offre de trop nombreuses opportunités de transgressions. L'infrastructure routière qui apparaît souvent comme hautement sécuritaire (route non trompeuse) permet aux véhicules de dévoiler leurs incomparables capacités de vitesse !

Bien que l'on sache que l'homme est souvent décrié et désigné comme le principal responsable des accidents sur le réseau, on retient l'hypothèse que c'est le système routier qui produit des accidents.

Comme le souligne Barjonet[1] : « Considérer le conducteur responsable de l'accident comme un déviant, correspond plus à une vision criminologique et normative qu'à une attitude de recherche. » La révolution automobile, produit de l'intelligence humaine, ne saurait occulter les conditions physiologiques originelles[2] qui plaident en faveur d'un transfert de responsabilité sur le système. Les hommes doivent donc corriger le système défaillant tout en éduquant l'automobiliste à la complexité que représente

---

[1] Barjonet, P.E. (1989). « Sociologies de la circulation et de la sécurité routière : quelques hypothèses pour un domaine de recherche », Recherche-Transports-Sécurité, n° 22, Arcueil.
[2] A sa création le modèle humain se déplaçait toujours à pied, parfois courait pour chasser ou s'enfuir. Ses sens sont-ils adaptés à évoluer dans un espace dynamique tout en maîtrisant une puissante machinerie ?

la tâche de conduite. On ajoute à ce point de vue celui des experts en sécurité routière qui confirment que l'accident révèle toujours un dysfonctionnement du système de circulation. Pour Yves Girard[1] : « Le système n'étant pas conçu dans le but de produire des accidents, nous en déduirons que l'accident est le symptôme d'un dysfonctionnement du système. »

Bilan de l'accidentologie routière en 2016[2]

En France, le coût total de l'insécurité routière s'élève à 50 milliards d'euros, dont 38 milliards pour les accidents corporels[3]. Le bilan de l'accidentologie s'établit à 3477 tués[4] et 76 122 blessés dont 27 187 blessés graves pour 57 222 accidents corporels. La responsabilité présumée dans les accidents mortels concerne 1 900 conducteurs soit plus de 60 % des auteurs présumés d'accidents mortels (APAM) :

Profil de l'auteur présumé d'accident mortel (APAM) en 2016 : selon les forces de l'ordre 81 % des auteurs présumés sont des hommes, 27 % sont âgés de 19 à 28 ans, 94 % sont de nationalité française. 79 % habitent le département de l'accident, 62 % circulent sur une route départementale, 66 % conduisent un véhicule de tourisme, 62 % se déplacent pour leurs loisirs. L'auteur présumé a moins de 12 points sur son permis de conduire dans 47 %

---

[1] Girard, Y. (1996). « Introduction à l'accident de la route et son analyse », rapport DSCR/INRETS, Paris.
[2] Observatoire National Interministériel de la Sécurité routière, La sécurité routière en France, Bilan de l'accidentalité de l'année 2016, pp. 88-111 (statistique France métropolitaine).
[3] Coût pour chaque personne tuée 3,2 millions d'euros (total mortalité 11 milliards d'euros) ; coût pour toute hospitalisation de plus de 24 heures 405 000 euros (total hospitalisation 22 milliards d'euros).
[4] Selon la norme européenne de comptabilisation des victimes jusqu'à 30 jours après l'accident.

des cas et au moins un antécédent judiciaire dans 42 % des cas, alors que la plupart des conducteurs ont bien 12 points sur leur permis. 6 % des APAM circulaient sans permis valide. Plus de la moitié des APAM décèdent (57 %), mais un quart (25 %) est indemne après l'accident.

Force est de constater qu'il y a trois fois plus d'hommes tués dans les accidents de la route que de femmes (2639 hommes pour 838 femmes). Cette surreprésentation des hommes, tués, ou blessés-hospitalisés, s'observe aussi dans les accidents liés au travail[1] : 90 % dans leur déplacement professionnel et 77 % lors d'un trajet domicile-travail. La mortalité des jeunes (18 à 24 ans) atteint 597 tués, dont 7 % de cyclistes, 16 % de motocyclistes et 64 % d'automobilistes. Chez les personnes âgées (65 ans et plus), on constate 886 tuées dont 289 piétons et 67 cyclistes.

Les réseaux[2] les plus meurtriers sont les routes départementales avec presque la moitié des tués (1771). Hors agglomération la mortalité représente 79 % des tués dont 1362 automobilistes et 372 motards. Le milieu urbain enregistre 29 % des accidents mortels avec 1019 tués.

Pour synthétiser ce rapide bilan, les tués de la route le sont en voiture, en période estivale (juillet : 350 tués), de jour (61 %), hors intersection, le samedi entre 17 et 18 heures lorsque le conducteur est seul à bord de son véhicule !

Ajoutons quelques mots sur l'étude détaillée des accidents (EDA) et les enquêtes AGIR[3] déclenchées à l'issue

---

[1] Accidents de trajets domicile travail 13 571 : Tués lors d'un trajet domicile travail 339 ; Blessés Hospitalisés lors d'un trajet domicile travail 3 482.
[2] 75% des victimes sont domiciliées localement dans un rayon de 15 km et elles effectuent un trajet habituel (domicile-travail ou école ou achat et déplacement de loisir dans le département).
[3] AGIR : Agir contre les Accidents Graves et proposer des Initiatives pour y Remédier.

des accidents mortels : Elles montrent que l'accident[1] résulte d'un enchaînement de facteurs accidentels. Bien souvent, la suppression d'une seule cause, par exemple l'excès de vitesse, évite l'accident. Comme l'indique d'ailleurs Veuillez[2] : « Le facteur d'accident est un élément du système de circulation qui peut aider à augmenter le risque d'accident. Sa caractéristique est qu'il ne peut pas à lui tout seul être la cause d'un accident, mais il y contribue. » Les causes d'accident sont donc complexes dans leurs interactions : une même cause ne provoque pas toujours les mêmes effets et c'est pour cette raison que l'accident est difficilement maîtrisable.

Quelle que soit la manière de présenter les statistiques, l'exposition au risque routier[3] est une donnée centrale pour expliquer les accidents. On recueille aussi des informations intéressantes sur la conduite des hommes et des femmes. Le sexe n'est pas seulement un ensemble de caractéristiques biologiques, physiologiques ou démographiques : le genre influe sur le comportement.

On constate que les femmes font un usage traditionnel du volant, qu'elles sont naturellement moins agressives et, comme le souligne Zarifian, « la femme n'a jamais placé son narcissisme dans la voiture ». On l'avait déjà indiqué, les femmes s'attachent surtout à la sécurité et à la facilité de conduite des véhicules. Elles sont très

---

[1] L'accident de la route est analysé sous toutes ses formes par un collège d'experts en sécurité routière qui établit « l'arbre des causes de l'accident » et propose des mesures correctives au préfet du département.
[2] Veulliez, R. (1983). Précis de psychologie du trafic routier et de pédagogie à l'école de conduite. Editions Loisirs et Pédagogie.
[3] L'exposition au risque routier s'estime par le rapport d'un nombre de victimes ou d'accidents à une mesure d'exposition à l'insécurité s'évaluant communément en termes de distance parcourue en kilomètres.

rarement concernées par l'alcool au volant et à la prise de risques inconsidérés. Vernet[1] le confirme lui aussi : « Le sexe est un critère pertinent et discriminant (…), les hommes et les femmes n'ont pas le même comportement face à la route. » L'auteur, poursuivant dans une interprétation psychanalytique constate que « les femmes ne se réalisent pas, au contraire des hommes, à travers leur conduite et leur véhicule automobile ». Ensuite, les résultats statistiques montrent que l'âge est une variable discriminante particulièrement défavorable aux classes[2] les plus nombreuses constituées par les jeunes et les personnes âgées. Enfin, on observe que la typologie des véhicules a un impact sur les conséquences de l'accident. Selon un rapport de Hélène Fontaine et Yves Gourlet[3] les analyses font apparaître que « les véhicules les plus puissants, qui sont souvent les plus lourds, ont les taux de gravité externe les plus forts, c'est-à-dire qu'ils sont plus agressifs vis-à-vis des autres usagers. A l'inverse, les petits véhicules sont moins agressifs, mais protègent moins leurs occupants ».

Pour finir, ajoutons le manifeste écrit par Marie Desplechin en 2010 pour la campagne nationale des femmes au volant… un réquisitoire qui est tout à la fois une déclaration d'amour aux hommes et un appel à la mobilisation des femmes. Épouses, compagnes, mères, sœurs, filles, amies… toutes sont appelées à signer, à s'engager, à ne plus s'accommoder de la conduite des hommes au nom de l'habitude, de la lassitude… de l'amour.

---

[1] Vernet, A. (2001). « Comportement, personnalité, conduite des véhicules automobiles », Recherche-Transports-Sécurité, n° 72, Arcueil.
[2] Jeunes de 18 à 24 ans : 597 tués ; Personnes âgées 65 ans et plus : 886 tuées.
[3] Fontaine, H., & Gourlet, Y. (1994). « Sécurité des véhicules et de leurs conducteurs », rapport n° 175, Arcueil : INRETS.

Les femmes au secours des hommes : « Tant qu'il y aura des hommes pour mourir sur la route, il faudra des femmes pour que ça change ».

75 % des morts sur la route sont des hommes. Des hommes que nous connaissons, des hommes que nous aimons. Un mari, un compagnon, un fils, un père, un ami. La vitesse ne leur fait pas peur. La fatigue non plus. Et ce ne sont pas quelques verres au milieu du repas qui les empêchent de prendre la voiture. Ils conduisent bien. Ils maîtrisent. Ils le disent. D'ailleurs, ils n'ont jamais eu d'accident. Et c'est vrai. Jusqu'au jour où. Dans l'entourage d'un homme qui prend le volant, ou les clés de la moto, il y a souvent une femme. Vous, moi, une femme qui peut dire : non. Je ne monte pas dans cette voiture. Je descends au prochain feu. Roule moins vite. Vraiment moins vite. Tu es dangereux. Passe-moi les clés. Mais cette femme se tait. Elle laisse faire. Par tendresse, par lassitude. Par habitude. Nous avons le pouvoir de casser l'habitude, nous l'avons fait, et dans tant de domaines. Nous pouvons renoncer ensemble au vieux jeu de rôle qui voudrait que les hommes soient conquérants et les femmes accommodantes. Refusons de nous accommoder. Nous ferons la route plus sûre, pour nous, pour eux, les hommes que nous aimons.

PARTIE 4

Stress routier et profils psychologiques au volant

1. Le stress, une manifestation émotionnelle naturelle nécessaire à la vie

1. Historique du stress

Le stress est un phénomène physiologique et psychologique que les scientifiques ont bien décrit depuis une cinquantaine d'années. Ce n'est pas seulement la vue de l'uniforme et le contrôle des forces de l'ordre sur le bord de la route qui provoquent un sentiment de crainte ou de méfiance (qui se mesurerait sur une échelle de comportements allant de la passivité à l'agressivité). Très classiquement, le système humain entretient une interaction intime entre les représentations du monde et les mécanismes biochimiques et nerveux qui activent le corps. Dans l'environnement social, il est donc naturel de ressentir nombre d'émotions, dont le stress. Il se décline en contraintes extérieures pesant sur l'individu et en contraintes internes sur la personne. On sait qu'il peut être positif (stress adapté) : dans ce cas, il crée une stimulation indispensable au maintien de l'équilibre vital plutôt favorable à l'action. Il peut aussi se révéler négatif (stress dépassé), alors il ralentit ou inhibe toute réaction. Abordons dans une courte revue historique le domaine conceptuel du stress.

On prête à Hans Selye (1907-1982) le privilège d'avoir parlé le premier de stress sous la terminologie de « syndrome général d'adaptation[1] », qui correspondrait à un ensemble de réactions biologiques survenant lorsque l'organisme est soumis à une agression extérieure. Ce sont précisément ces réactions qui permettent de s'adapter aux exigences de l'environnement. Selye distingue trois phases du continuum stressant : la réaction d'alarme dans laquelle l'individu tente de mobiliser rapidement l'ensemble de ses ressources personnelles pour vaincre la difficulté ; la phase de résistance et d'endurance qui consomme beaucoup d'énergie afin de mieux résister à la situation stressante, enfin la situation où l'individu peut se trouver en un véritable état d'épuisement lorsque toutes les ressources ont été sollicitées.

En 1966, Richard Lazarus définit avec précision la manifestation du stress. Il constate que les événements vécus présentent des forces externes, des tensions qui s'exercent sur l'individu et qui se traduisent sur le plan psychique par une tension intérieure. C'est donc cette interaction entre l'homme et l'environnement qui produit du stress, lequel génère des symptômes observables autant sur le plan psychologique comme l'irritabilité, la fatigue, l'anxiété que dans le domaine somatique avec les douleurs, les troubles neurologiques et les manifestations cardio-vasculaires. On sait également que sur le plan cognitif, les processus

---

[1] Seyle, S. (1956). *Le stress de la vie*. Paris : Gallimard.

mentaux de jugement déterminent des comportements associés et donnent à l'individu une interprétation subjective de son environnement en reconstruisant le réel. La réaction n'est donc pas exclusivement dépendante des conditions extérieures, mais elle est fortement subordonnée au vécu humain dans son propre fonctionnement psychique.

On reconnaît que la situation stressante (menace, défi ou perte) se décline, d'une part en une évaluation primaire (stress perçu) qui désigne la façon dont l'individu perçoit et interprète la situation (urgence, gravité, menace), d'autre part, en évaluation secondaire (contrôle perçu) qui consiste en une estimation des ressources personnelles et de ses capacités à maîtriser ou non la situation. On sait aussi que ce genre de situation est perçu différemment par chaque individu, lequel adopte en conséquence une stratégie diversifiée pour faire face à un problème. Le stress se déclenche chaque fois qu'un événement menace les valeurs personnelles ou bien représente un danger immédiat pour la survie du corps.

Pour qualifier la façon de s'ajuster aux situations difficiles, R. Lazarus et R. Launier ont dégagé le « concept de coping[1] ». Il désigne l'ensemble des processus qu'un individu interpose entre lui et l'événement, perçu comme menaçant, pour maîtriser, tolérer, ou diminuer l'impact de celui-ci sur son bien-être physique ou psychologique. En bref, les travaux de Lazarus distinguent deux types de "coping" : celui orienté vers le problème, qui vise à trouver les moyens de le surmonter, et celui centré sur la gestion

---

[1] Lazarus, R., & Folkman, S. (1984). Stress, Appresal and Coping. New York: Spinger Publishing Company.

des émotions, qui consiste à réduire leur négativité à l'égard de l'événement.

Pour Linday et Norman[1], le phénomène de stress admet deux catégories de conditions : la première concerne toute situation pour laquelle il n'y a pas de modèles de réponses adéquats, la seconde renvoie à des modèles qui mèneraient à des conséquences indésirables que l'individu se sentirait incapable de contrer. Dans ce contexte, le stress apparaît dans toute situation nouvelle pour laquelle l'expérience passée n'offre pas de ligne de conduite opérationnelle, ou bien lorsqu'il y a discordance entre les événements en cours et les événements attendus. En résumé, la réaction au stress se situe à deux niveaux : L'un est physiologique, responsable de la mobilisation des ressources biochimiques du corps contre le stress ; l'autre est psychologique, afin de déployer les ressources cognitives pour mieux composer avec la situation stressante.

Trente ans après Seyle, T. A. Wills[2] affine le concept de Lazarus en dégageant différents styles de « coping », selon des mécanismes de « coping actif », dans lesquels l'individu est amené à agir, et des mécanismes de « coping évitant », où la personne fuit la situation menaçante. Très brièvement, le coping actif se décline en un aspect comportemental qui réclame un effort de la part de l'individu pour résoudre le problème et un aspect cognitif qui admet différentes stratégies positivant la situation : on focalise sur les éléments positifs du problème en transformant le handicap en avantage ; on se compare à plus mal que soi et

---

[1] Linday, P.H., & Norman, D.A. (1980). Stress et émotion. In Comportements humains et traitement de l'information, Sciences de la vie, Paris : Raget.
[2] Wills, T.A. (1997). Modes & families of coping : an analysis of downward comparaison in the structure of cognitive and behavorial mechanisms. In Journal of persoality and social psychology, 167-193.

on minimise la menace associée à l'événement. Le « coping évitant » est caractérisé par un détournement de la pensée ou un transfert de la difficulté du problème à surmonter. Avec la résignation apprise d'une personnalité plutôt passive ou impuissante, l'individu peut diriger sa colère sur autrui (insultes) ou détourner sa pensée pour éviter de résoudre le problème ou bien encore penser que le problème peut disparaître de lui-même (l'illusion).

Pour être complet dans le domaine conceptuel du stress, on peut aussi dire qu'il associe encore divers aspects essentiels comme celui du sentiment de contrôle personnel, positif ou négatif, qui amène à penser que l'on a, ou pas, une prise sur les événements. Ensuite, on sait que le stress se manifeste à différents degrés, dont celui du stress aigu qui se déclenche lorsque l'individu est confronté à un événement qui menace sa propre vie, ou celle d'autrui. Le stress aigu perdure après l'événement, avec des réminiscences de la scène traumatique lors des pensées et des représentations de nuit déclenchées par les lieux, les bruits rappelant la situation. En effet, ce stress aigu dure 2 à 3 jours, alors que le syndrome de répétition se prolonge. Au-delà d'un mois, le diagnostic posé est celui du stress traumatique qui peut doubler la fréquence de symptômes tels que l'anxiété, la dépression et l'alcoolisme. Enfin, on ne peut occulter le stress professionnel, dans la mesure où la conduite automobile est un acte de travail. Ce sont Malasch et Jackson (1981) qui ont identifié les facettes du stress professionnel ou « burn-out », lesquelles entraînent la dépersonnalisation (attitudes cyniques, négatives, insensibilité à autrui), la démotivation (évaluation négative dans l'accomplissement du travail) et surtout l'épuisement physique, émotionnel et mental. Le « burn-out » est un concept qui se généralise désormais dans toutes les activités professionnelles. Il caractérise l'épuisement physique et mental relatif à l'accomplissement d'une tâche qui exige un engagement personnel important, affectant l'individu, selon les dimensions émotionnelles et affectives.

Le concept de stress est donc toujours présent et inscrit dans la réalité sociale lorsque s'engagent des rapports interhumains ou bien dans la rencontre de l'homme avec l'environnement physique.

2. L'espace social routier stresse le conducteur

Lorsqu'on répertorie les différents facteurs qui pèsent, au sens propre comme figuré, chez tout conducteur dans le déclenchement du stress de conduite, à un niveau variable, on observe qu'ils s'articulent autour de l'homme, de la conduite du véhicule et de la structuration du réseau de circulation. La complexité de l'ensemble du système de circulation ne cesse de placer l'automobiliste en difficulté. En tout état de cause, le déplacement routier génère toujours un stress chez le conducteur quel que soit le rapport de domination ou de soumission qu'il entretient dans la dynamique de l'espace.

Tout d'abord, si on centre notre analyse sur le conducteur, on doit reconnaître que celui-ci dispose de facultés psychologiques plus ou moins performantes, influençables, voire fragiles concernant le domaine des émotions. Le conducteur a-t-il plutôt une attitude dominée ? Arrivera-t-il effectivement à surmonter les difficultés de la route ? Dans ce type d'attitude, il accumule un stress important qui parfois le déstabilise, et peut aussi le mener à la faute, à l'agressivité, à la fuite effrénée ou à une prise de risque inconsidérée... qui ne cesse qu'à l'occasion d'un rappel à la loi par les forces de l'ordre ou avec l'accident de circulation. Ce type de comportement au volant se retrouve évidemment dans les interactions avec les autres usagers. Comment interprète-t-on les gestes ou le mode de déplacement de l'autre ? Les réactions peuvent être multiples pour un dépassement dangereux (queue de poisson) ou le non-respect de l'espace de sécurité entre les véhicules (coller au véhicule). En fonction de sa culture routière et de sa personnalité, l'automobiliste peut réagir par exemple en hochant la tête, ou par un geste indiquant que l'autre est fou, ce qui est le premier stade d'un conflit en germe, ou bien encore en adoptant une attitude agressive en poursuivant le fautif ! On peut ajouter le regard provocateur du type « regard du tigre » selon l'expression consacrée, auquel il faut répondre par l'indifférence. Quelle que soit la réaction, on ne peut ignorer qu'elle entraîne au moins une peur avec le dépassement dangereux, jusqu'à une excitation extrême dans la poursuite automobile. L'homme est donc plus ou moins sensible et affecté psychologiquement lorsqu'il se déplace sur le réseau routier. On peut considérer que c'est la dimension sociale du conducteur qui s'exprime.

Ensuite, la principale difficulté réside dans la conduite de la machine en fonction des impondérables du parcours routier ; surtout des sollicitations qu'on éprouve face aux obstacles de l'environnement. Comment ne pas s'effrayer si le véhicule dérape dans un virage ? Comment va-t-on réagir pour éviter une collision ? Dans l'urgence, il n'est donc pas aisé de maîtriser le véhicule. Autrement dit, dans l'activité de conduite, l'automobiliste doit gérer à la fois le traitement de l'information routière et les réactions psychomotrices au poste de conduite. L'environnement routier change constamment et le conducteur doit partager l'espace social avec les autres usagers. La tâche de conduite produit donc un stress du fait de la multiplicité des actions à accomplir.

Enfin, on ne peut occulter la structuration du réseau avec l'enchaînement des types d'environnements : ville, campagne, route et autoroute. Le conducteur doit adapter son comportement non seulement en fonction du type de chaussée, mais aussi face à l'attitude des autres usagers, qui l'influencent et le perturbent, plus ou moins directement. La rupture successive des conditions de circulation amène donc l'automobiliste à changer ses habitudes de conduite en fonction de ses représentations routières. C'est en agglomération que le stress est le plus important, car le conducteur peut être oppressé par la densité de la circulation, faire montre d'impatience du fait de la réduction significative de la vitesse, ou bien parce qu'il doit fréquemment céder le passage à d'autres usagers. En campagne, sur route nationale ou départementale l'automobiliste accuse du stress, car il doit sans cesse négocier avec l'environnement, les obstacles, se préoccuper de l'état de la chaussée et des conditions météorologiques. A l'opposé, bien que l'autoroute représente le meilleur compromis de sécurité dans le déplacement routier, on remarque cependant que la grande vitesse, le déplacement en file, et le comportement des poids lourds peuvent aussi angoisser le conducteur. La structuration du réseau de circulation est donc productrice de stress.

Au-delà des caractéristiques des réseaux de circulation qui entraîneront un vécu émotionnel différencié, on sait que l'espace influence le comportement. En effet, l'accroissement de la densité provoque une situation de stress et, dans un espace très dense, n'étant pas en mesure de traiter l'ensemble des informations qui nous assaillent, nous adoptons des attitudes de défense. Dans le contexte de l'espace routier, on pense à la difficulté de circulation en agglomération ou bien à l'entassement des véhicules sur les routes d'accès aux grandes agglomérations. Dans ces conditions, il est hautement probable que les facteurs d'agressivité, d'individualisme et de compétition attachés à la personnalité citadine se retrouvent ensuite sur la route, d'autant que la majorité de la population française vit au sein de l'habitat urbain.

L'environnement de la conduite automobile crée donc un stress pour le conducteur en raison de l'infrastructure routière, de l'habitat, des interactions humaines... Autrement dit, explique le sociologue Henri-Pierre Jeudy : « Enfermé dans son véhicule, le conducteur vit son rapport aux autres comme une source constante d'agression, il apprend à se défendre contre de telles menaces en se persuadant que ses propres codes sont les meilleurs. »

Jusqu'à présent, on a cité souvent le mot « stress » dans le sens d'une émotion de niveau variable selon le contexte routier. Cette émotion, qui perturbe le conducteur dans la tâche de conduite, pourrait porter le nom de « stress routier ».

3. Comment définir le stress routier ?

Les spécialistes en psychologie de la santé et du comportement affirment qu'en état de stress dépassé l'individu ne maîtrise plus la situation, qui est évaluée comme débordant ses ressources et pouvant mettre en danger son bien-être. L'individu ressent un certain malaise parce qu'il se révèle impuissant à faire face aux événements difficiles.

Ce qui provoque le stress, autrement dit les « stresseurs », ce ne sont pas uniquement les facteurs de dureté physique, mais aussi les émotions : joie, colère, peur, tristesse, dégoût, et surprise.

Pour finir, peut-on contrôler l'accumulation du stress routier ? Il semble d'après Seyle que : « le sommeil et le repos ne permettent pas une restauration vraiment complète de la résistance et de l'adaptabilité après des expériences stressantes. L'adaptabilité devrait être employée avec sagesse, parcimonie, plutôt que gaspillée. » L'épreuve du stress consomme donc plus ou moins d'énergie et affecte de façon différenciée les individus. La complexité de son mécanisme est telle qu'un même événement peut entraîner des réponses tout à fait différentes chez deux sujets, voire chez le sujet lui-même en des circonstances différentes...

L'information routière, préalable à un voyage, peut réduire notablement le niveau de stress. Le conducteur connaît à l'avance les perturbations : il peut ainsi mieux utiliser les capacités du réseau dans le temps et dans l'espace. Aujourd'hui, les systèmes de guidage embarqués minimisent le niveau de stress, dans la mesure où le conducteur est renseigné en temps réel sur les difficultés du parcours routier. Il reçoit aussi des conseils rassurants pour poursuivre sa route. En attendant l'arrivée en masse de ces aides de conduite sophistiquées, le conducteur ne reste pas passif, car il essaie toujours de faire face aux difficultés. Cette stratégie d'adaptation ou de « coping » est considérée comme une arme anti-stress efficace.

Le stress routier renvoie donc aux notions de tensions et de pressions que subit le conducteur dans l'environnement routier. Etre stressé, ce n'est pas seulement — selon la forme courante — être pressé et oppressé. Cette attitude est l'émergence de bouleversements plus ou moins durables et profonds du comportement humain. Pour la conduite routière, réduire le stress revient à réduire la potentialité d'accidents et surtout à faciliter la traversée de l'espace social de la circulation.

4. Les manifestations du stress

On rappelle selon Selye les trois phases qui caractérisent le stress : la phase d'alarme avec notamment un cœur qui bat plus vite, qui mobilise toute l'énergie du corps, en augmentant la force musculaire soit pour combattre la difficulté soit pour fuir le danger. Puis, une phase de défense ou de résistance lorsque le stress continue. Enfin, la phase d'épuisement lorsque le corps ne peut reconstituer ses ressources, et lorsque le système nerveux n'arrive plus à réguler les mécanismes physiologiques.

Dans ce contexte stressant, les réponses de l'organisme sont multiples comme le fait de transpirer, d'avoir le visage qui rougit ou devient pâle, les tremblements, les mains moites, les migraines, les palpitations cardiaques, la nervosité, l'impatience, la douleur à la nuque, la respiration irrégulière, la boule dans la gorge, les crampes d'estomac, etc. On sait également que tout événement heureux ou malheureux peut engendrer du stress : mariage, naissance, promotion sociale, réussite d'un examen, perte d'emploi, divorce, mort d'un proche, avortement, maladie, accident, agression, déménagement. L'environnement peut aussi déclencher du stress comme la circulation en ville et tout particulièrement le partage de la chaussée avec les deux roues, les embouteillages routiers, les murs de publicités, la pollution sonore, et aussi les excitants comme l'alcool et la drogue.

On ne réagit pas tous de la même façon face au stress, car c'est le contexte et la personnalité de chacun qui vont définir un type de comportement ou de réaction spécifique. La différence peut se comprendre dans la mesure où nos histoires de vie s'inscrivent dans un registre singulier d'expériences diverses : elles nous permettent d'appréhender parfois autrement les situations critiques. En fait, on contrôle ou pas son environnement ! Le stress s'associe donc à un problème à la fois extérieur et intérieur à l'individu. Le stress c'est la vie, et il n'y a pas de vie sans stress, de même qu'il n'y a pas de développement personnel et de progrès social sans stress.

La recherche en psychologie a mis en évidence le « profil comportemental de type A » pour caractériser la personne dans son rapport au temps et aux autres. En effet, c'est le profil d'un individu qui adopte un style de vie en position de lutte permanente contre les sollicitations de l'environnement : lutte contre le temps qui passe, lutte contre la fatigue, lutte contre les autres... Bref, on veut tout faire et mieux que les autres, on fait tout soi même parce que l'on n'a pas confiance aux autres. Ce type de comportement favorisé par la civilisation moderne avec la compétition sociale peut être coûteux pour la qualité de vie et pour la santé du cœur et des vaisseaux.

En conclusion, le stress est naturel et il fait partie de la vie. La réaction au stress date certainement de l'homme des cavernes qui devait se défendre contre des agressions, attaquer du gibier pour manger ou bien fuir lorsqu'il était en danger de mort. Dans le monde actuel, l'homme est toujours soumis à des agressions de toute nature, à des changements d'environnements, souvent rapides, Cela l'oblige soit à mettre en œuvre une stratégie adaptée pour surmonter les difficultés, soit à contenir sa réaction physique. Beaucoup s'accordent à dire que le fait de retenir sa réaction, de ne pas libérer ses tensions entraînerait des troubles fonctionnels comme des accidents ou des maladies chroniques (maladies cardio-vasculaires, psychosomatiques et psychologiques). Au-delà du champ scientifique, le schéma qui suit nommé « triptyque du stress routier » résume assez bien les différentes manifestations du stress dans l'activité humaine au volant :

TRIPTYQUE DU STRESS ROUTIER

STRESS PHYSIQUE

Tout ce qu'on fait ou ne fait pas à son corps :

fatigue
surmenage
hygiène de vie : qualité du sommeil et alimentation
relaxation
respiration
douleurs et maladies
médicaments

STRESS MENTAL

Tout le monde de la pensée :

plage des émotions
peur, joie, colère, tristesse
tâche de conduite

STRESS DE SITUATION

Tout ce que l'on voit et entend :

environnement
agressivité
incivilités
ambiance dans le véhicule
comportement des autres usagers
discours avec passagers
structuration des réseaux
qualité de l'infrastructure
info routière
météo
radars
contrôles de police
infraction code de la route
accident

2. Profils psychologiques au volant

On emporte partout et toujours notre personnalité sociale et psychologique. Dans notre rôle de conducteur, on doit activer notre « carte mentale routière » pour se déplacer. On rappelle que la stratégie de conduite peut provoquer un accident en fonction d'éventuels dysfonctionnements relatifs à une interprétation erronée du Code de la route ou à la permanence de l'erreur dans le traitement des situations de conduite.

Très classiquement, on va maintenant sérier des profils types de conducteur en fonction d'attributs sociaux comme le sexe, l'âge et la classe sociale. On dressera également le profil type du motard.

1. Hommes, femmes, une gestion différente du risque routier

Les hommes et les femmes ne voient pas la route de la même manière, ils apprécient les risques de façon différente, ils emploient des stratégies particulières pour résoudre les problèmes routiers, et ils gèrent leur stress de façon singulière.

Profil type de la femme au volant : Une conduite plus prudente et responsable

La femme n'a jamais placé son narcissisme dans la voiture. Plus prudente, plus responsable, plus respectueuse des autres usagers, elle a une conscience assez large des risques liés à la conduite (alcool, vitesse, drogue, attention, fatigue, autres usagers). Très observatrice de la scène routière, elle analyse le comportement d'autrui et ne cesse d'anticiper les difficultés. En fait, elle se situe plutôt en posture d'analyse de ses propres capacités de conduite, dans la mesure où elle connaît de façon instinctive les situations dangereuses ou accidentogènes comme la circulation de nuit et surtout le stress lié à l'environnement : « Autant quand je ne suis pas stressée, je fais attention normalement, autant quand je suis stressée, énervée, il faut que je fasse l'effort de faire plus attention ». C'est sans doute la peur de l'accident et de ses conséquences sur le corps (blessures au visage, aux mains et aux bras), comme valeur propre, qui conditionnent le comportement prudent de la femme au volant. Cette attitude préventive est à mettre en relation avec ses responsabilités traditionnelles de sécurité : la femme donne la vie et protège l'enfant qu'elle porte pendant la grossesse (davantage de repos, pas ou moins d'alcool, de drogue), elle gère la sécurité de la famille (hygiène alimentaire, logement), et elle veille à la sécurité des enfants (jeux, déplacements).

Dans le contexte routier, la femme avoue avoir peur des autres usagers, elle reste très attentive aux conditions météorologiques, à la circulation en agglomération. Pour elle, les facteurs principaux de risque sont l'inattention, le stress et la fatigue. Son esprit est souvent ailleurs qu'à la conduite « on pense toujours à quelque chose », elle est persuadée que son comportement est influencé par la typologie du véhicule conduit : « Si on prend une voiture plus grosse, on se sent plus sûre dedans, mais dans les plus petites... on ne se sent pas en sécurité. » Pour finir, on remarque que la confrontation avec les forces de l'ordre provoque chez elle un choc psychologique qui semble plutôt salutaire pour recouvrer un comportement responsable.

Profil type de l'homme au volant : une prise de risque maximale

L'homme surestime toujours ses propres capacités de conduite, et lorsqu'il est pris en faute par la maréchaussée, il ne cesse de relativiser ses fautes au volant notamment celles liées à la vitesse : « Cela me gêne de respecter les vitesses sur la route ». Il prétexte que l'environnement routier est plutôt sécuritaire et que sa formation initiale en auto-école lui permet « d'avoir les bons réflexes, les bons comportements ». Toutefois, il reconnaît que « la plus grande difficulté c'est la maîtrise du véhicule… toujours essayer de maîtriser ses réactions et toujours anticiper ce que vont faire les autres conducteurs ». En fait, il « essaie de faire attention », et il pense qu'il fera toujours face aux situations imprévues. Il avoue son plaisir de conduire. Il réclame plus de sévérité pour ceux qui ne respectent pas le Code de la route ! L'homme utilise parfois le véhicule pour évacuer son stress voire comme un défouloir sociétal.

Dans son discours, il évoque très largement la mort au volant. Il stigmatise les comportements accidentogènes comme ceux de certains usagers : les camions et les motos. Pour lui, la manœuvre la plus dangereuse est le dépassement sur autoroute.

En conclusion, on observe une distinction très nette dans le comportement masculin et féminin. Sans pour autant sérier les facteurs de risques, l'homme, surestimant ses propres capacités de conduite, considère qu'il fera toujours face aux situations imprévues. La femme, elle, a une connaissance approfondie des facteurs de risques, elle les recherche, les identifie et elle adopte une conduite préventive ou défensive. Le phénomène de stress lié à la conduite est géré avec responsabilité de la part de la femme, tandis que l'homme cherche à évacuer le stress en adoptant un style de conduite imprudent. Plus généralement, l'homme est concerné par le stress professionnel alors que la femme l'est, plutôt par le stress familial et conjugal.

2. Age, il faut beaucoup de temps pour bien conduire et bien se conduire

A mesure que le temps passe, le comportement du conducteur change. Pour évaluer l'influence de l'âge sur la conduite, on a constitué trois groupes d'âges de 19 ans à 80 ans.

Profil type des jeunes au volant (19 à 25 ans)
Laissons-leur le temps d'enrichir leur expérience, et soyons plus indulgents !

Le jeune conducteur ne connaît pas précisément l'ensemble des risques au volant, si ce n'est ceux liés à la vitesse, à l'alcool et au port de la ceinture de sécurité. Il a pleinement conscience des difficultés routières, notamment celles relatives à l'exécution des différentes manœuvres (stationnement et dépassement) et aux contextes routiers (ville, autoroute et nuit). Il reste très attentif à l'ensemble des mouvements des autres usagers. Il ne leur fait pas confiance. Il accepte cependant leurs erreurs. Il est capable de juger le comportement déviant sur la route : « Quand je fais le bilan, je me dis, tu es vraiment con ! C'est de la connerie, la compétition sur la route... l'envie d'être toujours le plus fort, c'est vraiment débile ». Certains avouent rouler comme des fous sur l'autoroute, mais font « quand même attention » parce qu'ils ont peur pour les autres et aussi « parce que maintenant il y a les radars ». Le jeune remet en cause la formation en auto-école : « apprentissage à passer le permis, pas à conduire ». Il considère ses parents comme des référents de la conduite automobile. En effet, avec la conduite accompagnée, le jeune apprenti conducteur ne prend que le meilleur des pratiques routières des parents. Le jeune aime rouler en voiture, piloter sa moto, et il manifeste de l'affection pour son véhicule. Tout jeune a donc besoin d'être guidé, conseillé, et félicité... et au diable les noms d'oiseaux, car ils sont en phase de construction de leur personnalité sociale routière !

Profil type du conducteur dans l'âge mûr (26 à 45 ans) 42 ans l'âge de la sagesse au volant !

L'autoroute et la fatigue sont à ses yeux les risques principaux. Désormais, il adopte un style plus prudent, et trouve un certain plaisir à pratiquer une conduite apaisée. En fait, il connaît les pièges qui conduisent à l'accident ou à l'infraction : la distraction « vous cogitez... vous êtes à fond dans votre réflexion » et le stress « les gens ont beaucoup trop de soucis, beaucoup de stress et ça transparaît au niveau de la conduite... il y en a que ça va surexciter, ça va survolter ». Il regrette qu'on banalise la drogue au volant. Ce conducteur s'est donc forgé une expérience dans la gestion du risque en ciblant les facteurs accidentogènes : la distraction, la fatigue et le stress. Pour lui, le plaisir de conduire a remplacé la peur au volant.

Avec ces conducteurs, on constate un grand changement, à partir de 42 ans, dans les pratiques routières. Le discours est fondé sur de solides arguments techniques, sociaux ou politiques. La notion du respect de soi et d'autrui est très présente. Cette humilité devant le risque routier est en fait le commencement de la sagesse au volant. Tout cela ne veut pas dire pour autant que l'âge de la sagesse au volant, établi à 42 ans, est une garantie pour la sécurité routière, car l'on peut rester un voyou de la route à 50 ans, et faire preuve de sagesse dès l'âge de 30 ans si l'on a reçu une solide éducation familiale...

Profil type du conducteur plus âgé (46 à 80 ans)
Son leitmotiv : respect de soi, des autres, et de la réglementation.

Pour lui, c'est seulement la pratique qui permet de capitaliser de l'expérience routière. Pour bien conduire, il faut adopter une bonne posture au volant « si je n'ai pas les deux mains sur le volant… je me sens pas bien » ; il faut aussi acquérir des automatismes pour gérer les difficultés « on acquiert des réflexes, il y a quelque chose qui se met en route » et surtout ne pas se laisser surprendre en anticipant les dangers « il y a tellement de choses qui peuvent vous tirer l'œil ou les oreilles, que l'on peut être à tout moment distrait par un panneau, une lumière ». Le conducteur plus âgé pense que la conduite impose une vigilance de tous les instants et qu'il faut obligatoirement respecter les autres usagers et la signalisation. Il se méfie particulièrement du comportement des motards. Il appréhende la conduite sur autoroute et les ronds-points. Il estime que les infractions sont le plus souvent commises en pleine conscience. Pour lui, deux verbes clés reviennent en permanence : respecter et anticiper. A partir de 50 ans, on remarque que les conducteurs n'hésitent pas à changer leur mode de transport (taxi, deux roues, voie ferrée) en fonction du temps (on privilégie la conduite de jour) et de l'espace (on évite les autoroutes pendant la période estivale).

Le stress de conduite est donc bien identifié et géré par la classe d'âge intermédiaire. Chez les jeunes comme chez les personnes plus âgées, c'est le stress de situation qui prédomine avec l'exécution de certaines manœuvres réputées difficiles comme le dépassement, la conduite de nuit ou en ville. Plus largement, chez les séniors le passage à la retraite est bien souvent vécu négativement : il est donc source de stress. La maladie est également un facteur de stress majeur, de même que l'épreuve de la solitude lorsque le compagnon de vie disparaît.

3. La position sociale influence la personnalité au volant

On ne conduit pas de la même manière selon que l'on est médecin, boulanger ou assistante sociale ! Le stress routier touche toutes les catégories socioprofessionnelles qui se répartissent en trois classes :

1) Direction (cadre, administration catégorie A)

2) Encadrement (agent de maîtrise, administration catégorie B)

3) Personnel d'exécution (employés et ouvriers, administration catégorie C)

Profil type du cadre au volant
Il mène son véhicule comme ses affaires !

Lorsqu'il est au volant, le cadre, symbole de commandement et référence sociale, appréhende de façon juste et complète les difficultés à se mouvoir dans l'espace routier. Il connaît précisément les causes et surtout les conséquences de la prise de risques en termes de sanctions pénales, d'accident, de handicap, de douleur et de privation de la vie. En effet, il déclare « être conscient des risques qu'on peut provoquer chez les autres » et il fait l'effort pour « s'adapter et gérer, pour éviter l'accident ». Il est très attentif à sa condition physique, pour gérer son stress : « Le système est stressant en ville ». Enfin, il préconise des techniques propres à éviter les accidents : « Il faut travailler en terme de réflexes et non pas travailler en terme de réflexion ». Bien informé sur la sécurité routière et possédant une bonne expérience de la gestion du risque, le cadre fait parfois preuve d'un comportement déviant en fonction des situations de conduite ou de la performance de son véhicule. Autant il est respectueux du Code de la route, autant il est critique à l'égard de la signalisation.

Généralement, les cadres recherchent des moyens de déplacement rapides comme l'avion ou le train qui leur permettent, pendant le trajet, de traiter nombre de dossiers dans des conditions confortables. Lorsqu'ils sont contraints à utiliser la voie routière, ils privilégient, dans la mesure du possible, le réseau autoroutier. Ils circulent à bord de véhicules de société ou personnels, puissants et confortables, qui sont généralement équipés de nombreux dispositifs de sécurité active et passive, voire de systèmes télématiques avec fax, Internet, etc.

Profil type de « l'agent de maîtrise/contremaître » au volant
Il est respectueux de la vie, au volant il est exemplaire.

Ce conducteur, qui a des responsabilités d'encadrement tient un discours de sagesse routière.

Elevant sa réflexion, il estime qu'il faut que chaque personne apprenne le respect de soi, des autres et de la société. En fait, il construit sa « personnalité routière » après une analyse minutieuse du comportement des autres, et en particulier de ses parents. Il est convaincu que l'expérience au volant s'acquiert avec le temps et surtout à l'aide d'une formation complémentaire à la gestion des risques routiers. Il adopte une conduite apaisée et prudente, car se protéger et protéger autrui sont des valeurs importantes pour lui. Il considère que les problèmes sur le réseau de circulation sont à mettre en relation avec le changement de société : « On est passé d'une société très hiérarchisée... avec des valeurs morales... à une société de modernité qui s'est construite sur un fort sentiment d'individualisme et une idée de liberté ».

Les conducteurs appartenant à cette catégorie professionnelle circulent la plupart du temps avec des véhicules appartenant à l'entreprise qui les emploie. Le type de véhicule affecté est lié à la fonction ou au mode de déplacement (local ou national), ou encore à l'activité proprement dite (véhicule utilitaire pour le transport de matériel et/ou de l'équipe). Ces véhicules bénéficient d'un renouvellement assez fréquent (moins de trois ans), mais ils ne possèdent pas toujours tous les équipements de confort et de sécurité. Ils parcourent chaque jour des distances importantes pour visiter la clientèle (300 à 500 km) ou pour travailler sur des chantiers (jusqu'à 150 km). Ceux à qui l'entreprise ne fournit pas de véhicule de fonction circulent dans une voiture de gamme moyenne.

Profil type de l'ouvrier/employé au volant
Il érige la conduite en valeur à transmettre aux enfants.
Ce conducteur, qui dans son travail exécute les tâches qu'on lui confie, tient des propos orientés sur deux thèmes : la bonne gestion du poste de conduite et le conseil (aux enfants) en matière de sécurité routière. Son discours est axé autour des principaux facteurs de risques : vitesse, alcool, ceinture, drogue, moto et jeunes. Il s'attache à rester un bon conducteur, peut-être par peur de l'accident (parfois privation du moyen de transport) ou de la sanction financière (amende correspondant en moyenne à 20 % du salaire), et il fait très attention à l'environnement et au respect du Code de la route. Il s'insurge parfois contre l'absence des forces de l'ordre lorsqu'il constate des infractions routières. Enfin, ayant pleinement conscience des risques, il s'emploie à transmettre son expérience routière à ses proches pour protéger leur vie. A sa façon, cette démarche d'éducation routière constitue une valeur de transmission entre les générations. Chez les plus jeunes ouvriers et employés, le véhicule peut porter de nombreux symboles, de la sphère privée intouchable (phénomène du tunning, vitrage tinté noir) jusqu'à l'érotisme. En fait, le véhicule permet bien souvent d'exister, de s'inscrire socialement dans un rapport d'égalité entre les conducteurs.

Les employés ou ouvriers roulent généralement à bord de véhicules de gamme moyenne bien entretenus. Parfois, notamment chez les jeunes, les véhicules sont plus petits, mais de forte cylindrée et personnalisés avec des équipements de « tuning ».

En résumé, le statut social influence le comportement au volant et le stress se manifeste sous des formes distinctes :
- Le cadre se distingue comme un expert de la conduite automobile qui peut dispenser des conseils pertinents, du fait de sa grande expérience au volant. Il mène son véhicule comme ses affaires à un rythme élevé. Il prend des risques sur la route, et occulte leurs conséquences pour lui-même, sa famille et l'entreprise qui l'emploie. Il a conscience de l'existence du stress mental (responsabilité, compétition, travail en zapping) et du stress physique (forte amplitude de travail, fatigue). Le cadre gère son stress en faisant du sport ou en se donnant du temps pour la détente. Dans sa pratique automobile, il est rarement 100 % à la conduite et toujours en saturation mentale : ses pensées plongent dans les dossiers ; tout en roulant, il traite ses affaires au téléphone ; après une réunion dans le trajet retour, il fait son débriefing intérieur en passant en revue différents questionnements ; et pour les femmes, pendant le trajet retour, le soir, ce sont les préoccupations familiales qui dominent les pensées (enfants, compagnon, travaux domestiques).
- Le personnel de maîtrise construit progressivement son expérience au volant et il a une haute conscience de la valeur de la vie pour soi et pour autrui. Il pense que le système prévention/sanction est nécessaire pour pacifier l'espace routier. La dimension du stress ne lui échappe pas, car pour lui la bonne santé, physique et morale, est la condition nécessaire à la réussite individuelle et collective dans le travail.

Ainsi il se préoccupe souvent des difficultés du personnel dans tous les domaines (professionnel et personnel) et s'emploie toujours à conseiller, rassurer pour assurer la bonne marche de l'équipe humaine dont il est le premier responsable.
- L'employé/ouvrier envisage le fait de conduire comme une valeur familiale. Il éduque ses enfants pour ne pas leur faire courir de risques inutiles sur la route. Il met tout en œuvre pour ne pas faire l'objet de récriminations ni causer de dommages à autrui. Il n'admet pas que l'on puisse déroger à la règle du Code de la route et réclame davantage de contrôles. Cette classe sociale est certainement celle sur laquelle le stress pèse le plus, autant au sens moral que physique. En effet, l'employé/ouvrier accumule plus qu'un autre de la fatigue musculaire dans la réalisation de son travail, et il subit de plein fouet le poids de la hiérarchie qui valide sa qualité professionnelle. Sur la route, les plus jeunes employés/ouvriers vivent parfois leur conduite comme un défouloir social avec des prises de risques importantes. Les consommations d'alcool ou de cannabis sont parfois évoquées pour vaincre les difficultés ou juguler le stress routier.

Enfin, on affirme que l'addiction aux psychotropes (alcool, drogue/cannabis) et la consommation médicamenteuse (tranquillisants) ne sauraient être attribuées à une seule classe sociale dans la mesure où l'on retrouve ces pratiques dans toute la société, dans tous les profils de conducteurs.

4. Clin d'œil aux pilotes de moto

Profil type du motard

Au guidon il prend beaucoup de risques...

Comme motard il a le sentiment d'appartenir à un monde spécifique. Il avoue son plaisir du pilotage : il fait corps avec sa machine, il ressent physiquement l'environnement avec la vitesse et toutes les vibrations mécaniques, il maîtrise avec finesse son moteur grâce au bruit de ses échappements. Ambassadeur de son club, ou de la marque de sa moto, le motard porte un habillement spécifique qui vaut signe d'appartenance... La moto est synonyme d'évasion et de liberté. Elle peut paraître comme le signe de la reconnaissance sociale au travers de machines puissantes et prestigieuses qui démontrent autant la virilité que la dextérité du pilote...

Lorsque l'on circule en équilibre sur deux roues, confronté directement aux éléments (vent, vitesse, froid), parfois dans des conditions météorologiques défavorables, sur une infrastructure dégradée (nid de poule, rainurage, gravillons, traces d'huile), la manifestation du stress est bien réelle. Il varie, selon le type de machines utilisées (sport, route, tout terrain) et l'activité au guidon (conduite sur route, en ville, sur autoroute, en tout terrain). Son niveau peut être ponctuellement extrême dans les manœuvres d'évitement ou de freinage d'urgence pour esquiver une collision. En effet, la réactivité du pilote doit être quasi permanente pour s'adapter aux autres usagers et à l'environnement. On a pu constater d'une part, que le stress était bien perçu dans l'ensemble des situations qui le génèrent (conscience du danger sur deux roues), mais d'autre part que les motards minimisaient souvent leurs difficultés au guidon. Par ailleurs, nos tests en situation de conduite (mesure de l'activité cardiaque) ont montré que le pilote anticipait son état stressant lorsqu'il avait connaissance d'obstacles à négocier ou lorsqu'il découvrait un événement routier.

CONCLUSION

L'automobile est un concept de déplacement inventé et perfectionné par l'homme. La femme a apporté un concours précieux aux constructeurs pour plus de confort, convivialité, et sécurité. En effet, les différentes analyses statistiques et de terrain montrent qu'une évolution ou révolution est en marche avec les femmes conductrices. C'est la nécessité sociale et économique qui les a amenées à s'engager pour adopter et maîtriser effectivement l'objet-voiture. Force est maintenant de constater que tous les hommes et toutes les femmes du monde se sont approprié ce moyen de transport.

Si la conduite routière est devenue beaucoup plus facile, elle nécessite cependant toujours des compétences élevées pour gérer avec efficacité le risque routier.

Chacun doit bien comprendre que l'ostracisme visant les femmes au volant est désormais révolu, et il doit être proscrit dans le discours commun. La femme est exemplaire dans son comportement sur la route et cela lui confère maintenant une responsabilité éducationnelle envers les plus jeunes conducteurs. Elle est également modératrice de la gent masculine lorsqu'elle l'accompagne dans un déplacement.

En réponse à notre questionnement central sur la gestion du risque routier, on peut affirmer que les femmes n'ont jamais placé leur narcissisme dans l'objet-voiture, elles sont plus prudentes et moins dangereuses au volant, et surtout elles sont plus respectueuses des règles de conduite.

Cet ouvrage n'est pas destiné à rester au frontispice d'une bibliothèque, mais il doit être patiné et poli par l'usage. Chaque usager de la route doit se l'approprier. Que chaque conducteur en tire le plus grand profit afin de rester confiant et heureux lors de déplacements automobiles et ne surtout pas devenir la victime, au sens propre comme figuré, de l'espace routier !

BIBLIOGRAPHIE

Albasio, I. (1990). « Les femmes et le voyage en France 1880-1914 », maîtrise d'histoire, Université Paris VII.

André, C., Lelord, F. & Légeron, P. (1998). *Le stress.* Collection les classiques de santé. Toulouse : Editions Privas.

Assailly, J.P. (1997). Les jeunes et le risque, une approche psychologique de l'accident. Paris : Editions Vigot.

Aubret, J., & Gilbert, P. (1997). *Psychologie de la ressource humaine.* Paris : Presses Universitaires de France.

Bailet J.M (1998), *La dimension éducative de la formation à la conduite routière*, Diplôme d'Etudes Approfondies en Sciences de l'Education, Ecole doctorale université Charles de Gaulle Lille 3, Lille.

Bailet, J.M. (1999). *L'éducation routière.* (N°. 3522). Paris : Presses Universitaires de France.

Bailet, J.M. (2004). *Les représentations des risques routiers par les conducteurs de véhicules automobiles : Incidences sur la modélisation des relations entre la prévention et la répression.* Thèse de psychologie, Ecole doctorale du Conservatoire National des Arts et Métiers, Paris.

Bailet, J.M. (2006). *Le volant rend-il fou ? Psychologie de l'automobiliste*. Editions de L'Archipel, Paris.

Bailet, J.M. (2010). *Je stresse au Volant, au guidon... mais je me soigne !* Editions L'Harmattan, Paris.

Bailet, J.M. (2016). *Zen au volant. Guide du mieux conduire*, Editions L'Harmattan, Paris.

Barjonet, P.E., & Cauzard, J.P. (1987). *Styles de vie et comportements sociaux à l'égard du risque : Perception différentielle des risques.* (Rapport N°. 38), Arcueil : INRETS.

Barjonet, P-E. (1989). Modèles sociaux d'usage du corps et prise de risque automobile, Rapport n° 88, Arcueil : INRETS.

Baudrillard, J. (1978). *Le système des objets*, Paris, Gallimard, 288 p.

Beauvois, J.L., Joule, R.V., & Monteil, J.M. (1993). *Perspectives cognitives et conduites sociales.* (vol. 4). Paris : Delachaux et Niestlé.

Biecheler-Frétel, M.B., & Moget-Monseur, M. (1989). Le comportement de base de l'automobiliste, *Recherche-Transports-Sécurité,* n° 24, Arcueil.

Blanchet, E. (1904). *Automobilisme et médecine : rôle thérapeutique de l'automobile*, 46 p.

Bloch, V. (1996). *Les niveaux de vigilance et l'attention.* In Traité de psychologie expérimentale, vol. 3, Paris.

Bouisset, S. (2002). *Biomécanique et physiologie du mouvement.* Collection Abrégés. Paris : Masson.

Cabon, P. & al. (1996). Vigilance et conduite. In Accidentologie Routière, *Urgence Pratique,* n° 19, Paris : Saulle.

Cauvin, C. (2007). « Les femmes et l'automobile à la belle époque (1898-1922) A partir de l'hebdomadaire La Vie au Grand Air », Mémoire de Master 1 Mention Management des Evénements et des Loisirs Sportifs, 91 p.

Caverni, J.P., Bastien, C., Mendelsohn, P., & Tiberghien, G. (1988). *Psychologie cognitive modèles et méthodes.* Grenoble : Presses Universitaires de Grenoble.

Coquery, J.M. (1980). Processus d'anticipation et activité perceptive, in Anticipation et comportement. Paris : Edition du CNRS.

Cowan, N. (1988). Evolving conceptions of memory storage, selective attention an thier mutual constrains with, the human information-processing system, *Psychological Bulletin*, 104, pp.163-192.

Dejours, C. (1999). *Le facteur humain.* (2ème édit.). Paris : Presses Universitaires de France.

Delhomme, P. (1994). *Liens entre la surestimation de ses propres capacités, l'expérience de la conduite et l'activité de conduite.* (Rapport N°. 187). Arcueil : INRETS.

Deutch, J.A., & Deutch, D. (1963). Attention some theorical considerations, *Psychological Review*, 70, 80-90.

Dortier, J-F. (1998). *Les sciences humaines panorama des connaissances.* Auxerre : Editions Sciences Humaines.

Fischer, G.N. (1992). *Psychologie sociale de l'environnement.* Toulouse : Privat.

Fleury, D., Dubois, D., & Morvant, C. (1993). *Expertise et structuration cognitive d'espaces routiers.* (Rapport N°. 166). Arcueil : INRETS.

Froment, D. (2005). Gestion du stress de l'élève motocycliste, diplôme d'université sur les aspects biologiques et psychosociaux du stress, Université René Descartes Paris V.

Fontaine, H., & Gourlet, Y. (1994). « Sécurité des véhicules et de leurs conducteurs », rapport n° 175, Arcueil : INRETS.

Gaston, J. (1993). *Les rythmes, Psychophysiologie.* (tome 2, pp. 271-319). Editions Ellipse.

Ghiglione, R., Bonnet, C., & Richard, J.F. (1990). *Traité de psychologie cognitive 2 et 3.* Paris : Dunod.

Girard, Y. (1996). « Introduction à l'accident de la route et son analyse », rapport DSCR/INRETS, Paris.

Hadj-Mabrouk, A., Hadj-Mabrouk, H., & Dogui, M. (2001). Chronobiologie de la vigilance. Approche d'application dans le domaine de la sécurité routière, *Recherche-Transports-Sécurité,* n° 73, Arcueil.

Held, R. (1968). *De la psychanalyse à la médecine psychosomatique*, Paris, Payot, 381 p.

Head, H. (1923). The conception of nervous and mortel energy, vigilance, a physiological state of the nervous system. 7 th International Congress of Psychologie.

Hoyos, C.G. (1968). *Psychologie de la circulation routière.* Paris : Presses Universitaires de France.

James, W. (1890). *The Principes of Psychologie.* New York, Holt, Rinehart et Winston, 1890, réed. Harward University Press, 1983. In J.P. Mialet, 1999.

Jouanno, C., et Hummel, C. (2016). « Rapport d'information n° 835, session extraordinaire de 2015 - 2016 », 20 septembre 2016, 231 p.

Kahneman, D. (1973). *Attention and Effort.* Englewood Cliffs, Prentice Hall.

Kapitaniak, B. (1993). Introduction à la notion de charge mentale, *Cahier de kinésithérapie,* n° 163. Paris : Masson.

Khlifi, T. (2000). Comportement et perception du risque routier, *Revue de la Sécurité Routière*, n° 117, 18.

Lagier, G. (1991). *Conduite automobile, vigilance et médicaments.* Saulx-les-Chartreux : Editions Séjouré et Robert.

Laizeau, M. (1999). Efficacité professionnelle et gestion du stress : une nouvelle approche. Paris : IHESI.

Lazarus, R., & Folkman, S. (1984). Stress, Appresal and Coping. New York: Spinger Publishing Company.

Le Chuiton, J. (1996). Drogue illicite et sécurité routière, in Accidentologie Routière, *Urgence Pratique,* n° 19, Revue S. Saulle, Paris.

Levy, A. (1978). *Psychologie sociale* (Tome1 et 2). Paris : Dunod.

Linday, P.H., & Norman, D.A. (1980). Stress et émotion. In Comportements humains et traitement de l'information, *Sciences de la vie*, Paris : Raget.

Maline, J., & Pottier, M. (2006). *Ergonomie et santé du travail : transformations du travail et perspectives pluridisciplinaires*, 41ème congrès de la SELF. Caen : Editions Octares.

Mialet, J.P. (1999). *L'attention.* (N° 3488). Paris : Presses Universitaires de France.

Monod, H., & Kapitaniak, B. (2003). *Ergonomie.* Collection Abrégés. Paris : Masson.

Monod, H., & Lille, F. (1974). *L'évaluation de la charge de travail*, Paris, Armand Colin.

Moscovici, S. (1992). *Psychologie sociale*, Paris : Presses Universitaires de France.

Mucchielli, A. (2000). *Les motivations.* (N°. 1949, 5ème édition). Paris : Presses Universitaires de France.

Munn, N.L. (1967). *Traité de psychologie.* (chap. 16, Les principes fondamentaux de l'adaptation humaine, pp. 382-396). Paris : Payot.

Murat, P., & Piriou, A. (1995). Le cannabis. In *alcool, médicaments, stupéfiants et conduite automobile* (vol. 1). Paris : Editeur Elsevier.

Neret, G. et Poulin, H. (1989). L'art, la femme et l'automobile, Paris, EPA.

Neboit, M. (1974). Perception, anticipation et conduite automobile. In *Le travail humain*, tome 37 (1).

Norman, D.A. (1968). Toward a theory of memory and attention, *Psychological Review*, 75, 522-536.

Norman, D.A. (1976). Memory and Attention : An Introduction to Human Information Processing, 262 p.

Nourissier, F. (1990). *Autos Graphie*, Albin Michel, 190 p.

Paulhan, I., & Bourgeois, M. (1995). *Stress et coping : Les stratégies d'ajustement à l'adversité.* Paris : Presses Universitaires de France.

Pellerin, N. (1999). *Fluctuations circadiennes de la perception visuelle.* DEA, Université Louis Pasteur, Strasbourg 1.

Phillips-Bertin, C. (1995). Rôle de l'activité cognitive dans le maintien de la vigilance des conducteurs automobiles. Thèse de psychologie, Université de Lyon 2.

Pia, M. (1996). Stretching au service des sportifs. Paris : Editions Amphora.

Posner, M.I., & Snyder, C.R.R. (1975). Facilitation and inibition in the processing of signals. In P.M.A Rabit & S. Dornic, *Attention and Performance.* Londres: Academic Press.

Pottier, A., Soubercaze, J.J., & Perrot, C. (1993). *Traitement informatif visuel à l'intérieur de l'habitacle d'un véhicule routier.* (Rapport N° 164). Arcueil : INRETS.

Reason, J. (1990). *L'erreur humaine.* Paris : Presses Universitaires de France.

Reed, S. (1999). *Cognition, Théories et applications.* (Pp. 71-96, 4ème édit.). Bruxelles : ITP De Broeck Université.

Reuclhin, M. (1984). La régulation des niveaux d'activité : le sommeil, l'attention, l'émotion. In *Psychologie* (pp. 479-520). Paris : Fondamental, Presses Universitaires de France.

Richard, J.F. (1980). *L'attention.* Le psychologue. Paris : Presses Universitaires de France.

Seyle, S. (1956). *Le stress de la vie.* Paris : Gallimard.

Shiffrin, R.M., & Schneider, W. (1977). Controlled and automatic human information processing : 1 Détection, séarch and attention ; 2 Perceptual learning, automatic attending and a general theorie, *Psychological Review*, 84.

Sokolov, E.N. (1976). *Perception and the conditioned reflex.* Oxford: Pergamon Press.

Souvestre, P. (1907). Histoire de l'Automobile, Dunod et Pinat, Paris, 768 p.

Tattegrain-Veste, H., & Bellet, T. (1996). Modélisation des connaissances et des traitements perceptivo-cognitifs du conducteur automobile à l'aide de techniques orientées objets. Journées de synthèse des points fondamentaux et expériences d'analyse et de conception par objet, 29 au 26 janvier, Paris.

Vallet, M., & Khardi, S. (1995). *Vigilance et transports : Aspects fondamentaux, dégradation et prévention.* Lyon : Presses Universitaires de Lyon.

Van Eslande, P., & Alberton, L. (1997). *Scénarios types de production de « l'erreur humaine » dans les accidents de la route : problématique et analyse qualitative.* (Rapport N°. 218). Arcueil : INRETS.

Vernet, A. (2001). Comportement, personnalité, conduite des véhicules automobiles, *Recherche-Transports-Sécurité,* n° 72, Arcueil.

Veulliez, R. (1983). *Précis de psychologie du trafic routier et de pédagogie à l'école de conduite.* Editions Loisirs et Pédagogie.

Wills, T.A. (1997). Modes & families of coping : an analysis of downward comparaison in the structure of cognitive and behavorial mechanisms. In Journal of persoality and social psychology, 167-193.

Wilde, G.J.S. (1982). The theory of risk homeostasis : Implications for safety and health, Risk Analysis, n° 2.

Zarifian, E. (1988). *Des paradis plein la tête,* Odile Jacob, 214 p.

REMERCIEMENTS

Natacha Rasic pour son soutien indéfectible et ses conseils avertis. Son versant féminin, et sa vision singulière dans la gestion de la conduite automobile ont permis de confronter les analyses de terrain.

Que **Michelle Delprat**, professeure de lettres et traductrice, soit remerciée pour sa relecture attentive.

L'auteur remercie vivement **Rodolphe Ponchet** concepteur-réalisateur de la couverture de l'ouvrage (agence de communication à Maisons-Alfort 94, www.weforyou.fr).

Crédit photographique : **Hossein Loftalizadeh,** président de l'Institut Regard Persan à Maisons-Alfort 94.

Le Docteur Jean-Marc Bailet renouvelle ses remerciements très vifs à **Jacques Aubret**, professeur émérite des universités en psychologie qui a dirigé ses recherches en sécurité routière dans les écoles doctorales Charles-de-Gaulle à Lille et au CNAM à Paris, et qui a porté beaucoup d'intérêt pour l'écriture de cet ouvrage sur le comportement des hommes et des femmes au volant.

TABLE DES MATIÈRES

PRÉAMBULE
2018 : les Saoudiennes sont autorisées à conduire un véhicule 11

INTRODUCTION 17

PARTIE 1
Historique du développement automobile 21

   1. Histoire de l'automobile 21
   2. Les femmes et l'automobile à la belle époque 35
   3. Aspect médical à l'aube de l'ère automobile 44

PARTIE 2
Comportements des hommes et des femmes au volant 53

   1. Bien conduire c'est difficile, c'est un véritable acte de travail ... 53
   2. Le cerveau ne fonctionne pas de la même manière
   pour tous les conducteurs 55
      1. Comment s'effectue le traitement de l'information
      routière ? 56
      2. Performance de la tâche de conduite 59
      3. Poids de la charge mentale dans l'activité au volant 62
   3. Permanence de l'erreur en conduite automobile 69
      1. Approches scientifiques 70
      2. Formation des erreurs en conduite automobile 71
      3. La formation sur simulateur pour vaincre l'erreur
      de conduite 73

PARTIE 3
Bilan infractionnel et accidentel selon le sexe 87

   1. Quand les conducteurs interprètent le Code de la route ! 87

2. L'infraction routière est-elle prédictive du risque
d'accident ? 93
3. L'accident symbole des dysfonctionnements routiers................99

PARTIE 4
Stress routier et profils psychologiques au volant **107**

    1. Le stress, une manifestation émotionnelle naturelle
nécessaire à la vie..107
        1. Historique du stress 107
        2. L'espace social routier stresse le conducteur 112
        3. Comment définir le stress routier ? 115
        4. Les manifestations du stress 117
    2.Profils psychologiques au volant..121
        1. Hommes, femmes, une gestion différente du risque routier.121
        2. Age, il faut beaucoup de temps pour bien conduire
        et bien se conduire 124
        3. La position sociale influence la personnalité au volant.......127
        4. Clin d'œil aux pilotes de moto. 133

CONCLUSION 135

BIBLIOGRAPHIE 137

REMERCIEMENTS 145

Jean-Marc BAILET   Pierre RAFFANEL

ZEN
AU VOLANT
GUIDE DU MIEUX CONDUIRE

+1 CD

L'Harmattan

ZEN AU VOLANT

Le conducteur Zen ressent toujours du plaisir à conduire en adoptant et en observant un comportement plus prudent, plus responsable et plus anticipatif.

La Zen-attitude au volant, c'est user le moins possible son cœur, ne pas polluer son esprit, donner des plages-plaisir à son cerveau, écouter son corps, et faire des exercices de détente-relaxation lors des pauses de sécurité.

Quand une difficulté surgit sur la route, parfois on panique, on fait n'importe quoi pour tenter de résoudre le problème... c'est le stress qui se manifeste. Bref, le stress routier existe, il est un bon ou mauvais compagnon avec lequel il faut savoir composer pour éviter le pire !

Pour rester Zen au volant, il faut combattre sans relâche le stress routier dans toutes ses manifestations.

Pour aider le lecteur à gérer son Zen-comportement au volant, on lui donnera 42 clefs ou conseils, et 25 techniques de détente-relaxation. Par auto-évaluation à l'aide d'une échelle de stress routier, chacun pourra se positionner sur la Zen-réglette par rapport à la prise de risque sur la route : plage verte : on peut conduire ; plage orange : prudence ; plage rouge : le risque d'erreur et d'accident est important ; plage noire : il vaut mieux laisser le volant !

Cet ouvrage comprend une table d'exercices de détente-relaxation, et il est accompagné d'un CD qui reprend en « version light » tous les conseils pour le Zen-comportement sur la route.

*Docteur en psychologie cognitive et comportementale, **Jean-Marc Bailet** est un expert en éducation, prévention et sécurité routières. Il a été chargé de missions auprès du délégué interministériel à la Sécurité routière (2000/2005) et codirecteur des CRICR de Lille et de Metz. Il a publié* L'éducation routière *(PUF, 1999),* Le volant rend-il fou ? Psychologie de l'automobiliste *(L'Archipel, 2006), et* Je stresse au volant, au guidon... mais je me soigne ! *(L'Harmattan, 2010).*

*Compositeur, spécialiste de musiques de bien-être, **Pierre Raffanel** recherche, dans le champ émotionnel et énergétique, l'impact des vibrations sonores dans notre quotidien. Il a réalisé chez Solélam la collection « Relaxations guidées » pour le label Dom et Belleve :* Vivre le sommeil *(2003/réed. 2008),* Stop au stress *(2009),* Libérez-vous du tabac *(2012),* Confiance en soi *(2013)... et l'album de musiques zen pour les tout-petits* Bébé Veilleuses *(2010). Parallèlement, il est illustrateur sonore et enseigne le piano.*

Conception - réalisation : Rodolphe Ponchet by Weforyou.

ISBN : 978-2-343-05449-0
22 €

Structures éditoriales du groupe L'Harmattan

L'Harmattan Italie
Via degli Artisti, 15
10124 Torino
harmattan.italia@gmail.com

L'Harmattan Hongrie
Kossuth l. u. 14-16.
1053 Budapest
harmattan@harmattan.hu

L'Harmattan Sénégal
10 VDN en face Mermoz
BP 45034 Dakar-Fann
senharmattan@gmail.com

L'Harmattan Mali
Sirakoro-Meguetana V31
Bamako
syllaka@yahoo.fr

L'Harmattan Cameroun
TSINGA/FECAFOOT
BP 11486 Yaoundé
inkoukam@gmail.com

L'Harmattan Togo
Djidjole – Lomé
Maison Amela
face EPP BATOME
ddamela@aol.com

L'Harmattan Burkina Faso
Achille Somé – tengnule@hotmail.fr

L'Harmattan Côte d'Ivoire
Résidence Karl – Cité des Arts
Abidjan-Cocody
03 BP 1588 Abidjan
espace_harmattan.ci@hotmail.fr

L'Harmattan Guinée
Almamya, rue KA 028 OKB Agency
BP 3470 Conakry
harmattanguinee@yahoo.fr

L'Harmattan Algérie
22, rue Moulay-Mohamed
31000 Oran
info2@harmattan-algerie.com

L'Harmattan RDC
185, avenue Nyangwe
Commune de Lingwala – Kinshasa
matangilamusadila@yahoo.fr

L'Harmattan Maroc
5, rue Ferrane-Kouicha, Talaâ-Elkbira
Chrableyine, Fès-Médine
30000 Fès
harmattan.maroc@gmail.com

L'Harmattan Congo
67, boulevard Denis-Sassou-N'Guesso
BP 2874 Brazzaville
harmattan.congo@yahoo.fr

Nos librairies en France

Librairie internationale
16, rue des Écoles – 75005 Paris
librairie.internationale@harmattan.fr
01 40 46 79 11
www.librairieharmattan.com

Lib. sciences humaines & histoire
21, rue des Écoles – 75005 Paris
librairie.sh@harmattan.fr
01 46 34 13 71
www.librairieharmattansh.com

Librairie l'Espace Harmattan
21 bis, rue des Écoles – 75005 Paris
librairie.espace@harmattan.fr
01 43 29 49 42

Lib. Méditerranée & Moyen-Orient
7, rue des Carmes – 75005 Paris
librairie.mediterranee@harmattan.fr
01 43 29 71 15

Librairie Le Lucernaire
53, rue Notre-Dame-des-Champs – 75006 Paris
librairie@lucernaire.fr
01 42 22 67 13